Le Médecin volant

© Éditions Belin/Éditions Gallimard, 2010 pour l'introduction, les notes et le dossier pédagogique.

Imprimé en Espagne par Novoprint (Barcelone) – N° d'édition: 005432-01 – Dépôt légal: juilllet 2010

ISBN 978-2-7011-5432-9
ISSN 1958-0541

CLASSICOCOLLÈGE

Le Médecin volant

Comédie

MOLIÈRE

Dossier par Jeanne Polton
Certifiée de lettres modernes

BELIN ■ GALLIMARD

Sommaire

Arrêt sur lecture 3
Étudier la progression de la farce jusqu'au dénouement

Arrêt sur l'œuvre
Des questions sur l'ensemble de la pièce

Des mots pour mieux écrire
Lexique des maux et des remèdes
Lexique des arts de la scène
Lexique de la ruse et de la provocation

À vous de créer

Groupements de textes
Le valet maître du jeu
Quiproquos en scène

Autour de l'œuvre
Interview imaginaire de Molière
Contexte historique et culturel
Repères chronologiques
Les grands thèmes de l'œuvre
La remise en cause de l'autorité
Le théâtre dans le théâtre

Fenêtres sur...
Des ouvrages à lire, des films à voir
et des œuvres d'art à découvrir

Introduction

Les origines du *Médecin volant* restent assez obscures. La pièce aurait été créée par Molière lors de ses tournées en province, en 1646 ou 1647. Après le retour de la troupe à Paris en 1658, ce « petit divertissement » fut joué seize fois dans la capitale entre 1659 et 1664.

Inspirée d'une pièce italienne, cette farce en un acte était destinée à un public populaire. Jeux de mots, quiproquos et jeux de scène s'y succèdent en un rythme alerte aux dépens de personnages burlesques dont les savoureux travers révèlent aussi les faiblesses de la société.

Cette pièce brève et enlevée contient en germe les personnages et les intrigues de chefs-d'œuvre ultérieurs, notamment *Le Médecin malgré lui* et *Le Malade imaginaire*. On y rencontre ces figures hautes en couleur dont Molière ne cessera de parfaire le portrait : un valet que l'astuce mène à rivaliser avec le maître, un barbon abusant de son autorité paternelle, qui se révèle pourtant crédule et impressionnable... Enfin, dans cette farce qui chahute l'ordre social, Molière dresse une satire de la médecine dont le trait deviendra progressivement plus féroce, usant déjà de cette verve irrésistible qui fait le sel de toute son œuvre.

Personnages

VALÈRE, *amant de Lucile.*

SABINE, *cousine de Lucile.*

SGANARELLE, *valet de Valère.*

GORGIBUS, *père de Lucile.*

GROS-RENÉ, *valet de Gorgibus.*

LUCILE, *fille de Gorgibus.*

UN AVOCAT.

Scène 1

VALÈRE, SABINE.

VALÈRE. – Hé bien! Sabine, quel conseil me donneras-tu?

SABINE. – Vraiment, il y a bien des nouvelles. Mon oncle veut résolument que ma cousine épouse Villebrequin, et les affaires sont tellement avancées que je crois qu'ils eussent été mariés dès aujourd'hui, si vous n'étiez aimé; mais comme ma cousine m'a confié le secret de l'amour qu'elle vous porte, et que nous nous sommes vues à l'extrémité par l'avarice de mon vilain oncle, nous nous sommes avisées[1] d'une bonne invention pour différer[2] le mariage. C'est que ma cousine, dès l'heure que je vous parle, contrefait la malade[3]; et le bon vieillard, qui est assez crédule[4], m'envoie quérir[5] un médecin. Si vous en pouviez envoyer quelqu'un qui fût de vos bons amis, et qui fût de notre intelligence[6], il conseillerait à la malade de prendre l'air à la campagne. Le bonhomme ne manquera pas de faire loger ma cousine à ce pavillon qui est au bout de notre

---

1. **Nous nous sommes avisées** : nous avons eu l'idée.
2. **Différer** : retarder.
3. **Contrefait la malade** : feint d'être malade.
4. **Crédule** : naïf, qui croit facilement les choses invraisemblables.
5. **Quérir** : chercher.
6. **Qui fût de notre intelligence** : qui soit complice de nos intentions.

jardin, et par ce moyen vous pourriez l'entretenir à l'insu
de notre vieillard, l'épouser, et le laisser pester tout son
20 soûl[1] avec Villebrequin.

Valère. – Mais le moyen de trouver sitôt un médecin à ma
poste[2], et qui voulût tant hasarder pour mon service ? Je te
le dis franchement, je n'en connais pas un.

Sabine. – Je songe une chose : si vous faisiez habiller votre
25 valet en médecin ? Il n'y a rien de si facile à duper que le
bonhomme.

Valère. – C'est un lourdaud qui gâtera tout ; mais il faut
s'en servir faute d'autre. Adieu, je le vais chercher. Où
diable trouver ce maroufle[3] à présent ? Mais le voici tout
30 à propos.

Scène 2

Valère, Sganarelle.

Valère. – Ah ! mon pauvre Sganarelle, que j'ai de joie de te
voir ! J'ai besoin de toi dans une affaire de conséquence[4] ;
mais, comme que je ne sais pas ce que tu sais faire…

Sganarelle. – Ce que je sais faire, Monsieur ? Employez-
5 moi seulement en vos affaires de conséquence, en quelque

---

1. **Tout son soûl** : autant qu'il voudra.
2. **À ma poste** : qui me convienne.
3. **Maroufle** : coquin, fourbe.
4. **De conséquence** : importante.

chose d'importance : par exemple, envoyez-moi voir quelle heure il est à une horloge, voir combien le beurre vaut au marché, abreuver un cheval ; c'est alors que vous connaîtrez ce que je sais faire.

10 **VALÈRE.** – Ce n'est pas cela : c'est qu'il faut que tu contrefasses le médecin.

SGANARELLE. – Moi, médecin, Monsieur ! Je suis prêt à faire tout ce qu'il vous plaira ; mais pour faire le médecin, je suis assez votre serviteur pour n'en rien faire du tout ; et par 15 quel bout m'y prendre, bon Dieu ? Ma foi ! Monsieur, vous vous moquez de moi.

VALÈRE. – Si tu veux entreprendre cela, va, je te donnerai dix pistoles[1].

SGANARELLE. – Ah ! pour dix pistoles, je ne dis pas que je 20 ne sois médecin ; car, voyez-vous bien, Monsieur ? je n'ai pas l'esprit tant, tant subtil, pour vous dire la vérité ; mais, quand je serai médecin, où irai-je ?

VALÈRE. – Chez le bonhomme Gorgibus, voir sa fille, qui est malade ; mais tu es un lourdaud qui, au lieu de bien 25 faire, pourrais bien…

SGANARELLE. – Hé ! mon Dieu, Monsieur, ne soyez point en peine ; je vous réponds que je ferai aussi bien mourir une personne qu'aucun médecin qui soit dans la ville. On dit un proverbe, d'ordinaire : *Après la mort le médecin* ; mais 30 vous verrez que, si je m'en mêle, on dira : *Après le médecin, gare la mort !* Mais néanmoins, quand je songe, cela est

---

1. Pistoles : pièces de monnaie.

bien difficile de faire le médecin ; et si je ne fais rien qui vaille… ?

VALÈRE. – Il n'y a rien de si facile en cette rencontre : Gorgi-
35 bus est un homme simple, grossier, qui se laissera étourdir de ton discours, pourvu que tu parles d'Hippocrate et de Galien[1], et que tu sois un peu effronté.

SGANARELLE. – C'est-à-dire qu'il lui faudra parler philoso-phie, mathématique. Laissez-moi faire ; s'il est un homme
40 facile, comme vous le dites, je vous réponds de tout ; venez seulement me faire avoir un habit de médecin, et m'ins-truire de ce qu'il faut faire, et me donner mes licences[2], qui sont les dix pistoles promises.

Scène 3

GORGIBUS, GROS-RENÉ.

GORGIBUS. – Allez vitement chercher un médecin ; car ma fille est bien malade, et dépêchez-vous.

GROS-RENÉ. – Que diable aussi ! pourquoi vouloir donner votre fille à un vieillard ? Croyez-vous que ce ne soit pas le
5 désir qu'elle a d'avoir un jeune homme qui la travaille ? Voyez-vous la connexité[3] qu'il y a, etc. *(Galimatias[4].)*

---

1. Hippocrate, Galien : grands médecins grecs de l'Antiquité, considérés comme les pères de la médecine moderne.
2. Licences : diplômes requis pour exercer la médecine.
3. Connexité : rapport.
4. Galimatias : charabia. (L'acteur pouvait ici improviser selon son inspiration.)

GORGIBUS. – Va-t'en vite : je vois bien que cette maladie-là reculera bien les noces.

GROS-RENÉ. – Et c'est ce qui me fait enrager : je croyais
refaire mon ventre d'une bonne carrelure[1], et m'en voilà
sevré. Je m'en vais chercher un médecin pour moi aussi
bien que pour votre fille ; je suis désespéré.

---

1. Carrelure : bon et copieux repas.

Un quiz pour commencer

Cochez les bonnes réponses.

❶ *Qui est Sabine ?*

□ La fille de Gorgibus.

□ La cousine de Lucile.

□ La femme de Valère.

❷ *Quelle attitude Lucile adopte-t-elle pour ne pas épouser Villebrequin ?*

□ Elle supplie son père de renoncer à ce projet.

□ Elle feint d'être malade.

□ Elle prétend avoir une vocation religieuse et demande à entrer au couvent.

❸ *Qui est Sganarelle ?*

□ Le valet de Villebrequin.

□ Un médecin.

□ Le valet de Valère.

❹ *Dans le projet imaginé par Sabine, quel est le rôle du faux médecin ?*

    ❐ Il doit déclarer Lucile trop malade pour épouser qui que ce soit.

    ❐ Il doit prescrire à Lucile de loger à la campagne sous prétexte de lui faire prendre l'air, ce qui lui permettra de rencontrer Valère.

    ❐ Il doit déclarer Villebrequin malade.

❺ *Pour quelle raison Sganarelle accepte-t-il de se faire passer pour médecin ?*

    ❐ Il est fier d'endosser ce rôle.

    ❐ Il compte sur les dix pistoles que lui promet Valère.

    ❐ Il compatit au sort de Lucile.

❻ *Quelle est l'attitude de Gros-René vis-à-vis du mariage de Lucile ?*

    ❐ Il pense que Villebrequin est un bon parti pour elle.

    ❐ Il regrette de ne pas pouvoir profiter du repas de noces.

    ❐ Il voudrait épouser Lucile.

❼ *À la fin de la scène 3, quel personnage important n'a pas encore fait son entrée sur scène ?*

    ❐ Valère.

    ❐ Lucile.

    ❐ Sganarelle.

Des questions pour aller plus loin

☞ Comprendre la mise en place de l'intrigue

La scène 1, une scène d'exposition

❶ Quel lien unit les deux personnages qui interviennent dans la scène 1? De quelle humeur se trouvent-ils?

❷ Quels sont les personnages dont il est question mais qui ne sont pas présents physiquement? Qu'apprend-on à leur sujet?

❸ Faites la liste des personnages favorables à l'union de Lucile et de Villebrequin et de ceux qui y sont opposés.

❹ Quel est le plan imaginé par Sabine? Recopiez les deux phrases du texte qui le résument.

❺ À la fin de la scène 1, quel est le personnage essentiel à la mise en œuvre de l'intrigue et dont on ignore encore le nom? Relevez et commentez tous les termes qui désignent ce personnage.

Au cœur du stratagème: le valet Sganarelle

❻ En quoi Sganarelle, dans la scène 2, se montre-t-il conforme aux propos que son maître a tenus sur lui dans la première scène?

❼ Quel argument de Valère parvient à décider Sganarelle? Que suggère-t-il du caractère du valet?

❽ Quelle est, selon Valère, l'attitude requise pour être crédible en tant que médecin aux yeux de Gorgibus?

❾ Quelles sont les trois conditions posées par Sganarelle pour réaliser ce projet?

❿ Voici cinq adjectifs qui caractérisent les valets de Molière: intéressés, bavards, gourmands, pragmatiques, grivois. En vous

attachant aux tirades de Sganarelle et de Gros-René dans les
scènes 2 et 3, recopiez une phrase d'illustration pour chacune
de ces caractéristiques.

⓫ Sganarelle estime-t-il les médecins ? Quelle formule humoristique
résume sa pensée à ce sujet ?

⓬ Expliquez l'humour de la dernière phrase de la scène 2 :
« et me donner mes licences, qui sont ces dix pistoles promises ».
Que confirme cette phrase concernant le personnage de Sganarelle ?

Des dialogues de comédie

⓭ À quel moment de la scène 3, le comédien se trouve-t-il, comme
dans la *commedia dell'arte*, libre d'improviser en partie son rôle ?
Quel indice du texte nous le suggère ?

⓮ Dans la scène 2, observez le temps de parole des deux
personnages. Celui qui a une requête à exprimer occupe-t-il la plus
grande part de la conversation ? Pourquoi ce déséquilibre entre les
temps de parole des deux personnages crée-t-il un effet comique ?

⓯ Quels sont les types de phrase largement utilisés dans les tirades
de Sganarelle ? Pourquoi, selon vous, sont-ils si présents ?

⓰ Dans cette même scène, les répliques de Valère s'achèvent à
deux reprises par des points de suspension. Que suggère l'utilisation
de cette ponctuation dans le jeu des acteurs ?

⓱ En observant le caractère des personnages, la nature de
l'intrigue et le langage utilisé, montrez que ces premières scènes
constituent l'exposition d'une comédie.

Rappelez-vous!

On appelle «scènes d'exposition» les premières scènes d'une pièce de théâtre. Elles permettent au spectateur de faire connaissance avec les personnages, de comprendre les rapports qui les unissent ou les opposent, et elles mettent en place l'intrigue. Les trois premières scènes du *Médecin volant* sont caractéristiques de l'exposition d'une comédie: dans cette conspiration qui vise à déjouer l'autorité abusive d'un vieux barbon, le premier rôle est donné à un valet bavard et rusé, qu'il nous tarde de voir s'affronter au maître...

De la lecture à l'écriture

Des mots pour mieux écrire

❶ *Classez ces termes rencontrés dans les trois premières scènes dans un tableau à deux colonnes selon qu'ils évoquent la ruse ou la bêtise:* s'aviser de, crédule, duper, lourdaud, maroufle, subtil, grossier, étourdir.

❷ a. *Recherchez l'origine étymologique de l'adjectif «crédule», appliqué à Gorgibus dans la scène 1.*
b. *Dites quel intrus s'est glissé parmi les mots suivants:* crédibilité, crédule, accroître, croyance, accroire.

À vous d'écrire

❶ À la suite de la scène 3, Gorgibus reste seul en scène, très préoccupé par le sort de sa fille. Rédigez un monologue d'une dizaine de lignes dans lequel vous exprimerez l'inquiétude du personnage quant à la santé de Lucile, et sa contrariété de voir le projet de mariage différé.

Consigne. Il s'agit d'un monologue : Gorgibus se parle à lui-même. Aidez-vous de la ponctuation pour mettre en évidence sa mauvaise humeur. Vous pouvez aussi utiliser des didascalies pour rendre compte de ses gestes ou déplacements.

❷ Valère écrit une lettre à Lucile pour l'informer du projet qu'il vient de mettre en œuvre avec Sabine, et lui demander de continuer à feindre la maladie. Rédigez le contenu de cette lettre en une dizaine de lignes.

Consigne. Veillez à respecter la présentation d'une lettre. N'oubliez pas que Valère est amoureux de Lucile et que ce courrier est aussi l'occasion de lui faire part de ses sentiments.

Du texte à l'image

➡ *Farceurs français et italiens*, École française, 1670.
(Image reproduite en début d'ouvrage, au verso de la couverture.)

👁 Lire l'image

❶ Que représente ce tableau ? Décrivez-le en quelques phrases et définissez par un adjectif l'atmosphère qui se dégage de la scène.

❷ Reconnaissez-vous parmi les personnages un célèbre valet italien ? Nommez-le et décrivez-le.

❸ Tous les personnages ont-ils le visage découvert ? À quel type de théâtre vous font penser ceux qui sont masqués ?

❹ Où se trouvent les personnages ? Que fait l'homme au balcon, en haut et à droite de l'image ? Que peut-il symboliser ?

🖼 *Comparer le texte et l'image*

❺ Selon vous, cette peinture représente-t-elle des acteurs en train d'interpréter une pièce de théâtre précise ?

❻ Quels mouvements font penser à des acteurs en train de jouer une pièce ? Quels indices au contraire rendent peu probable la possibilité d'une telle représentation ?

📝 *À vous de créer*

❼ Choisissez deux couples de personnages, et imaginez les répliques qu'ils pourraient échanger.

Scène 4

SABINE, GORGIBUS, SGANARELLE.

SABINE. – Je vous trouve à propos, mon oncle, pour vous apprendre une bonne nouvelle. Je vous amène le plus habile médecin du monde, un homme qui vient des pays étrangers, qui sait les plus beaux secrets, et qui sans doute
5 guérira ma cousine. On me l'a indiqué par bonheur, et je vous l'amène. Il est si savant que je voudrais de bon cœur être malade, afin qu'il me guérît.

GORGIBUS. – Où est-il donc?

SABINE. – Le voilà qui me suit; tenez, le voilà.

10 **GORGIBUS.** – Très humble serviteur à Monsieur le Médecin! Je vous envoie quérir pour voir ma fille, qui est malade; je mets toute mon espérance en vous.

SGANARELLE. – Hippocrate dit, et Galien par vives raisons persuade qu'une personne ne se porte pas bien quand elle
15 est malade. Vous avez raison de mettre votre espérance en moi; car je suis le plus grand, le plus habile, le plus docte[1] médecin qui soit dans la faculté végétale, sensitive et minérale[2].

---

1. Docte : savant.
2. La faculté végétale, sensitive et minérale : évocation pseudo-scientifique de tous les domaines de connaissance.

GORGIBUS. – J'en suis fort ravi.

20 SGANARELLE. – Ne vous imaginez pas que je sois un médecin ordinaire, un médecin du commun. Tous les autres médecins ne sont, à mon égard, que des avortons de médecine. J'ai des talents particuliers, j'ai des secrets. *Salamalec, salamalec.* «Rodrigue, as-tu du cœur?» *Signor, si; segnor, non. Per omnia*
25 *saecula saeculorum*[1]. Mais encore voyons un peu.

SABINE. – Hé! ce n'est pas lui qui est malade, c'est sa fille.

SGANARELLE. – Il n'importe: le sang du père et de la fille ne sont qu'une même chose; et par l'altération[2] de celui du père, je puis connaître la maladie de la fille. Monsieur
30 Gorgibus, y aurait-il moyen de voir de l'urine de l'égrotante[3]?

GORGIBUS. – Oui-da; Sabine, vite allez quérir de l'urine de ma fille. Monsieur le Médecin, j'ai grand-peur qu'elle ne meure.

35 SGANARELLE. – Ah! qu'elle s'en garde bien! il ne faut pas qu'elle s'amuse à se laisser mourir sans l'ordonnance du médecin. Voilà de l'urine qui marque grande chaleur, grande inflammation dans les intestins: elle n'est pas tant mauvaise pourtant.

40 GORGIBUS. – Hé quoi? Monsieur, vous l'avalez?

SGANARELLE. – Ne vous étonnez pas de cela; les médecins, d'ordinaire, se contentent de la regarder; mais moi, qui suis un médecin hors du commun, je l'avale, parce qu'avec

---

1. Sganarelle mélange ici une formule de politesse arabe, une phrase du *Cid* de Corneille, des bribes d'espagnol, d'italien et de latin d'église pour paraître savant.
2. Altération: dégradation.
3. L'égrotante: la malade.

le goût je discerne bien mieux la cause et les suites de la
45 maladie. Mais, à vous dire la vérité, il y en avait trop peu pour
asseoir un bon jugement : qu'on la fasse encore pisser[1].

SABINE. – J'ai bien eu de la peine à la faire pisser.

SGANARELLE. – Que cela ? voilà bien de quoi ! Faites-la pisser
copieusement, copieusement. Si tous les malades pissent
50 de la sorte, je veux être médecin toute ma vie.

SABINE. – Voilà tout ce qu'on peut avoir : elle ne peut pas
pisser davantage.

SGANARELLE. – Quoi ? Monsieur Gorgibus, votre fille ne
pisse que des gouttes ! voilà une pauvre pisseuse que votre
55 fille ; je vois bien qu'il faudra que je lui ordonne une potion
pissative. N'y aurait-il pas moyen de voir la malade ?

SABINE. – Elle est levée ; si vous voulez, je la ferai venir.

Scène 5

LUCILE, SABINE, GORGIBUS, SGANARELLE.

SGANARELLE. – Hé bien ! Mademoiselle, vous êtes malade ?

LUCILE. – Oui, Monsieur.

SGANARELLE. – Tant pis ! c'est une marque que vous ne
vous portez pas bien. Sentez-vous de grandes douleurs à
5 la tête, aux reins ?

---

1. « Pisser » est au XVIIe siècle un terme usuel et n'a pas de connotation vulgaire.

LUCILE. – Oui, Monsieur.

SGANARELLE. – C'est fort bien fait. Oui, ce grand médecin, au chapitre qu'il a fait de la nature des animaux, dit… cent belles choses; et comme les humeurs[1] qui ont de la connexité ont beaucoup de rapport; car, par exemple, comme la mélancolie est ennemie de la joie, et que la bile[2] qui se répand par le corps nous fait devenir jaunes, et qu'il n'est rien plus contraire à la santé que la maladie, nous pouvons dire, avec ce grand homme, que votre fille est fort malade. Il faut que je vous fasse une ordonnance.

GORGIBUS. – Vite une table, du papier, de l'encre.

SGANARELLE. – Y a-t-il ici quelqu'un qui sache écrire?

GORGIBUS. – Est-ce que vous ne le savez point?

SGANARELLE. – Ah! je ne m'en souvenais pas; j'ai tant d'affaires dans la tête, que j'oublie la moitié… – Je crois qu'il serait nécessaire que votre fille prît un peu l'air, qu'elle se divertît à la campagne.

GORGIBUS. – Nous avons un fort beau jardin, et quelques chambres qui y répondent; si vous le trouvez à propos[3], je l'y ferai loger.

SGANARELLE. – Allons, allons visiter les lieux.

---

1. Humeurs : les quatre substances fluides contenues dans le corps humain (en particulier la bile et le sang), définies par la médecine antique.
2. Bile : humeur dont l'excès provoque la mélancolie.
3. À propos : bon, adapté aux circonstances.

Scène 6

L'Avocat.

J'ai ouï dire que la fille de M. Gorgibus était malade : il faut que je m'informe de sa santé, et que je lui offre mes services comme ami de toute sa famille. Holà ! holà ! M. Gorgibus y est-il ?

Scène 7

Gorgibus, L'Avocat.

Gorgibus. – Monsieur, votre très humble, etc.

L'Avocat. – Ayant appris la maladie de Mademoiselle votre fille, je vous suis venu témoigner la part que j'y prends, et vous faire offre de tout ce qui dépend de moi.

5 **Gorgibus.** – J'étais là-dedans avec le plus savant homme.

L'Avocat. – N'y aurait-il pas moyen de l'entretenir un moment ?

Scène 8

GORGIBUS, L'AVOCAT, SGANARELLE.

GORGIBUS. – Monsieur, voilà un fort habile homme de mes amis qui souhaiterait de vous parler et vous entretenir.

SGANARELLE. – Je n'ai pas le loisir, Monsieur Gorgibus : il faut aller à mes malades. Je ne prendrai pas la droite avec
5 vous, Monsieur[1].

L'AVOCAT. – Monsieur, après ce que m'a dit M. Gorgibus de votre mérite et de votre savoir, j'ai eu la plus grande passion du monde d'avoir l'honneur de votre connaissance, et j'ai pris la liberté de vous saluer à ce dessein : je crois que vous
10 ne le trouverez pas mauvais. Il faut avouer que tous ceux qui excellent en quelque science sont dignes de grande louange, et particulièrement ceux qui font profession de la médecine, tant à cause de son utilité, que parce qu'elle contient en elle plusieurs autres sciences, ce qui rend sa
15 parfaite connaissance fort difficile ; et c'est fort à propos qu'Hippocrate dit dans son premier aphorisme[2] : *Vita brevis, ars vero longa, occasio autem praeceps, experimentum periculosum, judicium difficile*[3].

SGANARELLE, *à Gorgibus. – Ficile tantina pota baril cambus-*
20 *tibus*[4].

---

1. Sganarelle refuse la place d'honneur, à la droite de son interlocuteur, et tente de s'éclipser.
2. Aphorisme : pensée formulée brièvement.
3. « La vie est courte, le métier long à apprendre, l'occasion fugitive, l'expérience périlleuse, le diagnostic difficile » (sentence latine).
4. Il s'agit d'un charabia aux consonances latines, que Sganarelle adresse à Gorgibus.

L'Avocat. – Vous n'êtes pas de ces médecins qui ne vous appliquez qu'à la médecine qu'on appelle rationale ou dogmatique, et je crois que vous l'exercez tous les jours avec beaucoup de succès : *experientia magistra rerum*[1]. Les
25 premiers hommes qui firent profession de la médecine furent tellement estimés d'avoir cette belle science, qu'on les mit au nombre des Dieux pour les belles cures[2] qu'ils faisaient tous les jours. Ce n'est pas qu'on doive mépriser un médecin qui n'aurait pas rendu la santé à son malade,
30 parce qu'elle ne dépend pas absolument de ses remèdes, ni de son savoir :

Interdum docta plus valet arte malum[3].

Monsieur, j'ai peur de vous être importun[4] : je prends congé de vous, dans l'espérance que j'ai qu'à la première vue
35 j'aurai l'honneur de converser avec vous avec plus de loisir. Vos heures vous sont précieuses, etc.

Il sort.

Gorgibus. – Que vous semble de cet homme-là ?

Sganarelle. – Il sait quelque petite chose. S'il fût demeuré
40 tant soit peu davantage, je l'allais mettre sur une matière sublime et relevée. Cependant, je prends congé de vous. *(Gorgibus lui donne de l'argent.)* Hé ! que voulez-vous faire ?

Gorgibus. – Je sais bien ce que je vous dois.

---

1. «L'expérience est la maîtresse des choses» (sentence latine).
2. Cures : traitements d'une maladie ou d'une blessure, en vue de leur guérison.
3. «Il arrive que le mal soit plus puissant que la science» (sentence latine).
4. J'ai peur de vous être importun : je crains de vous déranger.

SGANARELLE. – Vous vous moquez, Monsieur Gorgibus. Je
45 n'en prendrai pas, je ne suis pas un homme mercenaire[1].
(Il prend l'argent.) Votre très humble serviteur.

Sganarelle sort et Gorgibus rentre dans sa maison.

Scène 9
VALÈRE.

Je ne sais ce qu'aura fait Sganarelle : je n'ai point eu de
ses nouvelles, et je suis fort en peine où je le pourrais rencontrer. *(Sganarelle revient en habit de valet.)* Mais bon, le
voici. Hé bien ! Sganarelle, qu'as-tu fait depuis que je ne
5 t'ai point vu ?

Scène 10
SGANARELLE, VALÈRE.

SGANARELLE. – Merveille sur merveille : j'ai si bien fait que
Gorgibus me prend pour un habile médecin. Je me suis
introduit chez lui, et lui ai conseillé de faire prendre l'air à
sa fille, laquelle est à présent dans un appartement qui est
5 au bout de leur jardin, tellement qu'elle est fort éloignée du
vieillard, et que vous pouvez l'aller voir commodément.

---

1. Mercenaire : qui n'agit qu'en fonction d'un intérêt financier.

VALÈRE. – Ah ! que tu me donnes de joie ! Sans perdre de temps, je la vais trouver de ce pas.

SGANARELLE. – Il faut avouer que ce bonhomme Gorgi-
10 bus est un vrai lourdaud de se laisser tromper de la sorte. *(Apercevant Gorgibus.)* Ah ! ma foi, tout est perdu : c'est à ce coup que voilà la médecine renversée, mais il faut que je le trompe.

Un quiz pour commencer

Cochez les bonnes réponses.

❶ *Comment Sganarelle commence-t-il son examen de la malade ?*

　□ Il prend le pouls de Lucile.

　□ Il examine sa gorge.

　□ Il boit son urine.

❷ *Que fait Sganarelle pour impressionner Gorgibus ?*

　□ Il prend un air sévère et parle très peu.

　□ Il sort des instruments de médecine effrayants.

　□ Il utilise des termes latins et se réclame
　de la médecine antique.

❸ *Qu'obtient Sganarelle au terme de la scène 5 ?*

❑ Il parvient à faire annuler le mariage entre Lucile et Villebrequin.

❑ Il décide Gorgibus à faire loger Lucile à l'écart, dans une chambre qui donne sur un jardin.

❑ Il extorque à Gorgibus un supplément de salaire pour sa prestation.

❹ *Dans les scènes 7 et 8, pourquoi l'avocat intervient-il ?*

❑ Il a été convoqué pour étudier le contrat de mariage.

❑ Très épris de Lucile, il vient lui faire sa cour.

❑ Il ajoute au comique de la pièce en mettant à l'épreuve le faux médecin.

❺ *Que fait Sganarelle à la fin de la scène 8 ?*

❑ Il refuse l'argent que lui donne Gorgibus.

❑ Il réclame une somme plus importante à Gorgibus.

❑ Il empoche l'argent que lui donne Gorgibus.

❻ *Dans la scène 10, lorsque Sganarelle habillé en valet se trouve nez à nez avec Gorgibus qui ne va pas manquer de le reconnaître, quelle attitude adopte-t-il ?*

❑ Il prend la fuite.

❑ Il s'apprête à dire la vérité.

❑ Il imagine aussitôt une ruse pour le tromper.

Des questions pour aller plus loin

☞ Analyser les ruses d'un valet de comédie

Sganarelle, un singulier médecin

1 Dans quelle tenue Sganarelle apparaît-il dans la scène 4 ? En quoi est-ce essentiel pour la mise en œuvre de l'intrigue ?

2 Montrez que Sganarelle fait un portrait élogieux de lui-même dans la scène 4 : relevez, en particulier, les adjectifs qualificatifs qui le caractérisent dans sa première réplique.

3 Comment Sganarelle procède-t-il pour asseoir son autorité de médecin ? Étudiez son discours et les références évoquées.

4 Qu'est-ce qui, dans la scène 4, semble peu conforme à une consultation médicale ? Quel effet comique découle de ces écarts ?

5 À quel moment de la scène 5 Sganarelle commet-il une étourderie qui met en danger sa crédibilité ?

La scène 8 : le face-à-face des pédants

6 En quels termes l'avocat exprime-t-il son respect envers Sganarelle dans la scène 8 ?

7 Comparez les tirades de l'avocat et celles du faux médecin. Le temps de parole est-il équitablement réparti ? Pourquoi ?

8 Quelle langue l'avocat utilise-t-il volontiers ? Pourquoi ? Sganarelle lui répond-il ? Justifiez votre réponse.

9 L'avocat a-t-il découvert la supercherie de Sganarelle à la fin de la scène 8 ? Quelle opinion a-t-on de cet homme de loi ?

10 Quelle est l'utilité de cette scène dans l'ensemble de la pièce ? Quel est son principal intérêt pour le lecteur ou le spectateur ?

Les ressorts du comique

⓫ Dans les scènes 4 à 9, Sganarelle se fait passer pour un médecin et provoque une série de malentendus, appelés quiproquos. Donnez-en un exemple et montrez l'effet produit par ce type de situation.

⓬ À quel principal examen Sganarelle procède-t-il dans la scène 4 ? Relevez tous les mots qui se rapportent directement à cet examen et dites quel type de comique crée l'accumulation de ces termes.

⓭ En quoi la phrase : « une personne ne se porte pas bien quand elle est malade » est-elle comique ? Trouvez dans la scène 5 un propos semblable.

⓮ Analysez le raisonnement de Sganarelle dans la scène 5 (l. 1-15) : quel en est le point de départ ? la conclusion ? Relevez une conjonction de coordination qui doit introduire la cause et dites si ce mot marque une progression dans le propos. De quel adjectif pourriez-vous qualifier ce raisonnement ?

⓯ Observez le jeu de scène de la fin de la scène 8. Montrez que le geste du personnage est contraire à ses propos, et mettez en évidence l'effet comique ainsi créé.

⓰ Comparez l'humeur de Sganarelle au début et à la fin de la scène 10 et expliquez la cause de ce revirement. Quel est l'effet produit par ce renversement de situation ?

Rappelez-vous !

Le quiproquo est un procédé comique fréquemment employé. Il repose sur un malentendu, qui peut porter sur le sujet d'une discussion ou bien sur l'identité des interlocuteurs. Dans *Le Médecin volant*, Sganarelle se fait passer pour un médecin, et provoque ainsi volontairement des situations de quiproquo : Gorgibus et l'avocat le prennent pour ce qu'il n'est pas. Le comique tient au fait que le spectateur est prévenu de la ruse et domine les personnages : nous rions de voir Gorgibus dupe de Sganarelle.

De la lecture à l'écriture

Des mots pour mieux écrire

❶ a. *Trouvez au moins un synonyme (mot de même nature et de même sens) pour chacun des termes suivants :* stupide, savant, estimer, mépriser.
b. *Quel rapport de sens observez-vous entre les deux adjectifs, puis entre les deux verbes ?*

❷ a. *Trouvez un antonyme (mot de même nature et de sens contraire) pour chacun de ces mots :* malade, douleur, mélancolie, mourir.
b. *Pour former certains antonymes, il suffit de placer un préfixe devant le mot initial. Par exemple, l'antonyme de « habile » est « malhabile ». Trouvez un antonyme pour chacun des mots suivants :* digne, conseiller, utilité, parfaite.

❸ *Rédigez deux phrases de votre invention qui mettent en évidence le sens de ces deux mots :* mépriser, mercenaire.

À vous d'écrire

❶ Au milieu de la scène 10, Valère sort. Imaginez qu'il va trouver Lucile pour lui faire part du succès de leur entreprise.

Consigne. Rédigez l'entrevue des deux personnages en une dizaine de répliques. La scène se situe dans les appartements qui donnent sur le jardin. Valère se réjouit de la tournure que prennent les événements et déclare à nouveau sa flamme à Lucile. D'abord inquiète, la jeune fille se laisse finalement gagner par cet enthousiasme.

❷ Imaginez une scène située à notre époque qui confronte un enfant, sa mère et un médecin. Ce dernier a été appelé parce que l'enfant présente tous les symptômes d'une grippe. Mais le médecin farfelu propose, au terme d'une consultation étonnante, un diagnostic complètement extravagant.

Consigne. Rédigez sous forme de scène de théâtre cet entretien en imaginant les réactions du petit patient et de sa mère, et en indiquant les jeux de scène par des didascalies.

Du texte à l'image

➡ Mise en scène du *Médecin volant* par Christian Schiaretti au TNP de Villeurbanne en 2007.
(Image reproduite en fin d'ouvrage, au verso de la couverture.)

👁 *Lire l'image*

❶ Décrivez le personnage qui figure sur la photographie, et précisez son rôle dans la pièce.

❷ Quelle impression ce personnage produit-il sur vous ? Quels sont les détails qui renforcent cette impression ? Pour répondre, observez précisément le costume, les accessoires, le maquillage, l'attitude.

❸ Observez le jeu des couleurs : en quoi le personnage peut-il faire penser à la figure du diable ?

❹ En vous appuyant sur les deux réponses précédentes, montrez ce que le metteur en scène Christian Schiaretti a voulu souligner chez ce personnage, et imaginez les raisons de ce choix.

📰 *Comparer le texte et l'image*

❺ Selon vous, que dit le personnage au moment où cette photographie a été prise ? Recopiez une ou deux phrases des scènes 4 ou 5 qui vous semblent s'accorder avec l'attitude du comédien sur l'image.

❻ Ce « médecin volant » correspond-il à l'image que vous en aviez à la lecture du texte de Molière ? Justifiez votre réponse en quelques lignes.

📝 *À vous de créer*

❼ Vous êtes metteur en scène et vous faites une adaptation contemporaine du *Médecin volant* : le texte est celui de Molière, mais les décors et les costumes sont transposés au xxie siècle. Quel serait le déguisement du « médecin volant » ? Décrivez-le en quelques lignes, en justifiant votre choix. Vous pouvez également dessiner l'allure de votre personnage.

Scène 11

SGANARELLE, GORGIBUS.

GORGIBUS. – Bonjour, Monsieur.

SGANARELLE. – Monsieur, votre serviteur. Vous voyez un pauvre garçon au désespoir ; ne connaissez-vous pas un médecin qui est arrivé depuis peu en cette ville, qui fait
5 des cures admirables ?

GORGIBUS. – Oui, je le connais : il vient de sortir de chez moi.

SGANARELLE. – Je suis son frère, Monsieur ; nous sommes gémeaux[1] ; et comme nous nous ressemblons fort, on nous
10 prend quelquefois l'un pour l'autre.

GORGIBUS. – Je me dédonne au diable[2] si je n'y ai été trompé. Et comme[3] vous nommez-vous ?

SGANARELLE. – Narcisse, Monsieur, pour vous rendre service. Il faut que vous sachiez qu'étant dans son cabinet, j'ai
15 répandu deux fioles d'essence qui étaient sur le bout de sa table ; aussitôt il s'est mis dans une colère si étrange contre moi, qu'il m'a mis hors du logis, et ne me veut plus jamais

---

1. Gémeaux : jumeaux.
2. En ajoutant le préfixe « dé » au verbe « donner », Gorgibus peut jurer sans danger.
3. Comme : comment.

voir, tellement que je suis un pauvre garçon à présent sans
appui, sans support, sans aucune connaissance.

20   **GORGIBUS.** – Allez, je ferai votre paix : je suis de ses amis, et
je vous promets de vous remettre avec lui. Je lui parlerai
d'abord que je le verrai.

SGANARELLE. – Je vous serai bien obligé, Monsieur Gorgibus.

Sganarelle sort et rentre aussitôt
25   *avec sa robe de médecin.*

Scène 12

SGANARELLE, GORGIBUS.

SGANARELLE. – Il faut avouer que, quand les malades ne
veulent pas suivre l'avis du médecin, et qu'ils s'abandonnent
à la débauche[1] que…

GORGIBUS. – Monsieur le Médecin, votre très humble ser-
5   viteur. Je vous demande une grâce.

SGANARELLE. – Qu'y a-t-il, Monsieur ? est-il question de vous
rendre service ?

GORGIBUS. – Monsieur, je viens de rencontrer Monsieur
votre frère, qui est tout à fait fâché de…

10   **SGANARELLE.** – C'est un coquin, Monsieur Gorgibus.

---

1. Débauche : dérèglement, excès dans le comportement.

GORGIBUS. – Je vous réponds qu'il est tellement contrit[1] de vous avoir mis en colère…

SGANARELLE. – C'est un ivrogne, Monsieur Gorgibus.

GORGIBUS. – Hé ! Monsieur, vous voulez désespérer ce pauvre
15 garçon ?

SGANARELLE. – Qu'on ne m'en parle plus ; mais voyez l'impudence[2] de ce coquin-là, de vous aller trouver pour faire son accord[3] ; je vous prie de ne m'en pas parler.

GORGIBUS. – Au nom de Dieu, Monsieur le Médecin ! et
20 faites cela pour l'amour de moi. Si je suis capable de vous obliger[4] en autre chose, je le ferai de bon cœur. Je m'y suis engagé, et…

SGANARELLE. – Vous m'en priez avec tant d'insistance que, quoique j'eusse fait serment de ne lui pardonner jamais,
25 allez, touchez là[5] : je lui pardonne. Je vous assure que je me fais grande violence, et qu'il faut que j'aie bien de la complaisance[6] pour vous. Adieu, Monsieur Gorgibus.

GORGIBUS. – Monsieur, votre très humble serviteur ; je m'en vais chercher ce pauvre garçon pour lui apprendre cette
30 bonne nouvelle.

---

1. **Contrit** : repentant, qui regrette la faute commise.
2. **Impudence** : audace, insolence.
3. **Pour faire son accord** : pour nous réconcilier.
4. **Obliger** : rendre service.
5. **Touchez là** : touchez-moi la main (en signe d'accord).
6. **Complaisance** : bonté.

Scène 13

VALÈRE, SGANARELLE.

VALÈRE. – Il faut que j'avoue que je n'eusse jamais cru que Sganarelle se fût si bien acquitté de son devoir. *(Sganarelle rentre avec ses habits de valet.)* Ah! mon pauvre garçon, que je t'ai d'obligation! que j'ai de joie! et que…

5 **SGANARELLE.** – Ma foi, vous parlez fort à votre aise. Gorgibus m'a rencontré; et sans une invention que j'ai trouvée, toute la mèche était découverte. Mais fuyez-vous-en, le voici.

Scène 14

GORGIBUS, SGANARELLE.

GORGIBUS. – Je vous cherchais partout pour vous dire que j'ai parlé à votre frère: il m'a assuré qu'il vous pardonnait; mais, pour en être plus assuré, je veux qu'il vous embrasse en ma présence; entrez dans mon logis, et je l'irai chercher.

5 **SGANARELLE.** – Ah! Monsieur Gorgibus, je ne crois pas que vous le trouviez à présent; et puis je ne resterai pas chez vous; je crains trop sa colère.

GORGIBUS. – Ah! vous demeurerez, car je vous enfermerai. Je m'en vais à présent chercher votre frère: ne craignez

10 rien, je vous réponds qu'il n'est plus fâché.

Il sort.

SGANARELLE, *de la fenêtre.* – Ma foi, me voilà attrapé ce coup-là ; il n'y a plus moyen de m'en échapper. Le nuage est fort épais, et j'ai bien peur que, s'il vient à crever, il ne grêle sur mon dos force coups de bâton, ou que, par quelque ordonnance plus forte que toutes celles des médecins, on m'applique tout au moins un cautère royal[1] sur les épaules. Mes affaires vont mal ; mais pourquoi se désespérer ? Puisque j'ai tant fait, poussons la fourbe jusques au bout. Oui, oui, il en faut encore sortir, et faire voir que Sganarelle est le roi des fourbes.

Il saute de la fenêtre et s'en va.

Scène 15

GROS-RENÉ, GORGIBUS, SGANARELLE.

GROS-RENÉ. – Ah ! ma foi, voilà qui est drôle ! comme diable on saute ici par les fenêtres ! Il faut que je demeure ici, et que je voie à quoi tout cela aboutira.

GORGIBUS. – Je ne saurais trouver ce médecin ; je ne sais où diable il s'est caché. *(Apercevant Sganarelle qui revient en habit de médecin.)* Mais le voici. Monsieur, ce n'est pas assez d'avoir pardonné à votre frère ; je vous prie, pour ma satisfaction, de l'embrasser : il est chez moi, et je vous

---

1. Cautère royal : le cautère était un instrument métallique que l'on chauffait pour brûler et désinfecter ainsi les plaies. Par plaisanterie, l'expression « cautère royal » désigne la marque au fer rouge que la justice infligeait aux condamnés.

cherchais partout pour vous prier de faire cet accord en
10 ma présence.

SGANARELLE. – Vous vous moquez, Monsieur Gorgibus : n'est-ce
pas assez que je lui pardonne ? Je ne le veux jamais voir.

GORGIBUS. – Mais, Monsieur, pour l'amour de moi.

SGANARELLE. – Je ne vous saurais rien refuser : dites-lui qu'il
15 descende.

*Pendant que Gorgibus rentre dans sa maison par la
porte, Sganarelle y rentre par la fenêtre.*

GORGIBUS, *à la fenêtre.* – Voilà votre frère qui vous attend
là-bas : il m'a promis qu'il fera tout ce que je voudrai.

20 **SGANARELLE,** *à la fenêtre.* – Monsieur Gorgibus, je vous prie
de le faire venir ici : je vous conjure que ce soit en particulier que je lui demande pardon, parce que sans doute
il me ferait cent hontes et cent opprobres[1] devant tout le
monde.

25   *Gorgibus sort de sa maison par la porte,
et Sganarelle par la fenêtre.*

GORGIBUS. – Oui-da, je m'en vais lui dire. Monsieur, il dit
qu'il est honteux, et qu'il vous prie d'entrer, afin qu'il vous
demande pardon en particulier. Voilà la clef, vous pouvez
30 entrer ; je vous supplie de ne me pas refuser et de me donner ce contentement.

SGANARELLE. – Il n'y a rien que je ne fasse pour votre satisfaction : vous allez entendre de quelle manière je le vais

---

1. Opprobres : déshonneurs extrêmes.

traiter. *(À la fenêtre.)* Ah ! te voilà, coquin. – Monsieur mon
35 frère, je vous demande pardon, je vous promets qu'il n'y
a point de ma faute. – Il n'y a point de ta faute, pilier de
débauche, coquin ? Va, je t'apprendrai à vivre. Avoir la
hardiesse d'importuner M. Gorgibus, de lui rompre la tête
de tes sottises ! – Monsieur mon frère… – Tais-toi, te dis-je.
40 – Je ne vous désoblig… – Tais-toi, coquin.

GROS-RENÉ. – Qui diable pensez-vous qui soit chez vous
à présent ?

GORGIBUS. – C'est le médecin et Narcisse son frère ; ils avaient
quelque différend, et ils font leur accord.

45 GROS-RENÉ. – Le diable emporte ! ils ne sont qu'un.

SGANARELLE, *à la fenêtre.* – Ivrogne que tu es, je t'apprendrai
à vivre. Comme il baisse la vue[1] ! il voit bien qu'il a failli[2], le
pendard. Ah ! l'hypocrite, comme il fait le bon apôtre[3] !

GROS-RENÉ. – Monsieur, dites-lui un peu par plaisir qu'il
50 fasse mettre son frère à la fenêtre.

GORGIBUS. – Oui-da, Monsieur le Médecin, je vous prie de
faire paraître votre frère à la fenêtre.

SGANARELLE, *de la fenêtre.* – Il est indigne de la vue des
gens d'honneur, et puis je ne le saurais souffrir[4] auprès
55 de moi.

GORGIBUS. – Monsieur, ne me refusez pas cette grâce, après
toutes celles que vous m'avez faites.

---

1. **La vue** : les yeux.
2. **Qu'il a failli** : qu'il est en tort.
3. **Il fait le bon apôtre** : il contrefait l'homme de bien pour duper autrui.
4. **Souffrir** : supporter.

SGANARELLE, *de la fenêtre.* – En vérité, Monsieur Gorgibus, vous avez un tel pouvoir sur moi que je ne vous puis rien
60 refuser. Montre, montre-toi, coquin. *(Après avoir disparu un moment, il se remontre en habit de valet.)* – Monsieur Gorgibus, je suis votre obligé. – *(Il disparaît encore, et reparaît aussitôt en robe de médecin.)* Hé bien ! avez-vous vu cette image de la débauche ?

65 GROS-RENÉ. – Ma foi, ils ne sont qu'un, et, pour vous le prouver, dites-lui un peu que vous les voulez voir ensemble.

GORGIBUS. – Mais faites-moi la grâce de le faire paraître avec vous, et de l'embrasser devant moi à la fenêtre.

SGANARELLE, *de la fenêtre.* – C'est une chose que je refuse-
70 rais à tout autre qu'à vous : mais pour vous montrer que je veux tout faire pour l'amour de vous, je m'y résous, quoique avec peine, et veux auparavant qu'il vous demande pardon de toutes les peines qu'il vous a données. – Oui, Monsieur Gorgibus, je vous demande pardon de vous avoir
75 tant importuné[1], et vous promets, mon frère, en présence de M. Gorgibus que voilà, de faire si bien désormais, que vous n'aurez plus lieu de vous plaindre, vous priant de ne plus songer à ce qui s'est passé.

Il embrasse son chapeau et sa fraise[2]
80 *qu'il a mis au bout de son coude.*

GORGIBUS. – Hé bien ! ne les voilà pas tous deux ?

GROS-RENÉ. – Ah ! par ma foi, il est sorcier.

---

1. Importuné : dérangé.
2. Fraise : collerette plissée que portaient autour du cou les hommes et les femmes au XVIIe siècle.

SGANARELLE, *sortant de la maison, en médecin.* – Monsieur,
voilà la clef de votre maison que je vous rends ; je n'ai pas
85 voulu que ce coquin soit descendu avec moi, parce qu'il me
fait honte : je ne voudrais pas qu'on le vît en ma compagnie
dans la ville, où je suis en quelque réputation. Vous irez
le faire sortir quand bon vous semblera. Je vous donne le
bonjour, et suis votre, etc.

90 *Il feint de s'en aller, et, après avoir mis bas sa robe,*
rentre dans la maison par la fenêtre.

GORGIBUS. – Il faut que j'aille délivrer ce pauvre garçon ;
en vérité, s'il lui a pardonné, ce n'a pas été sans le bien
maltraiter.

95 *Il entre dans sa maison,*
et en sort avec Sganarelle, en habit de valet.

SGANARELLE. – Monsieur, je vous remercie de la peine que
vous avez prise et de la bonté que vous avez eue : je vous
en serai obligé toute ma vie.

100 GROS-RENÉ. – Où pensez-vous que soit à présent le médecin ?

GORGIBUS. – Il s'en est allé.

GROS-RENÉ, *qui a ramassé la robe de Sganarelle.* – Je le tiens
sous mon bras. Voilà le coquin qui faisait le médecin, et
qui vous trompe. Cependant qu'il vous trompe et joue la
105 farce chez vous, Valère et votre fille sont ensemble, qui s'en
vont à tous les diables.

GORGIBUS. – Ah ! que je suis malheureux ! mais tu seras
pendu, fourbe, coquin.

SGANARELLE. – Monsieur, qu'allez-vous faire de me pendre?
Écoutez un mot, s'il vous plaît : il est vrai que c'est par mon
invention que mon maître est avec votre fille ; mais en le
servant, je ne vous ai point désobligé : c'est un parti sortable[1] pour elle, tant pour la naissance que pour les biens.
Croyez-moi, ne faites point un vacarme qui tournerait à
votre confusion, et envoyez à tous les diables ce coquin-là,
avec Villebrequin. Mais voici nos amants.

Scène 16

VALÈRE, LUCILE, GORGIBUS.

VALÈRE. – Nous nous jetons à vos pieds.

GORGIBUS. – Je vous pardonne, et suis heureusement trompé
par Sganarelle, ayant un si brave gendre. Allons tous faire
noces, et boire à la santé de toute la compagnie.

---

1. **Sortable** : convenable.

Un quiz pour commencer

Cochez les bonnes réponses.

❶ *Qui est Narcisse ?*

❑ Le frère jumeau de Sganarelle.

❑ Le complice de Sganarelle.

❑ Le nom que se donne Sganarelle quand Gorgibus le surprend en tenue de valet.

❷ *Comment Sganarelle justifie-t-il la brouille entre les « jumeaux » ?*

❑ Narcisse aurait renversé deux fioles d'essence qui se trouvaient sur la table du médecin.

❑ Narcisse aurait médit de Sganarelle et ses propos seraient revenus aux oreilles de ce dernier.

❑ Narcisse aurait courtisé la femme de son frère.

❸ Au terme de la scène 11, quelle est la décision de Gorgibus ?

❏ Il s'engage à réconcilier Narcisse avec son jumeau.

❏ Il jure de venger Narcisse de l'affront de son jumeau.

❏ Il s'apprête à quitter Narcisse sans rien tenter pour lui rendre service.

❹ Comment Sganarelle parvient-il à se dédoubler dans la scène 15 ?

❏ Il fait appel à un autre valet.

❏ Il enivre Gorgibus qui voit double.

❏ Habillé en Narcisse, il embrasse sa fraise et son chapeau qu'il a placés au bout de son coude.

❺ Dans la scène 15, quel personnage découvre que Narcisse et Sganarelle ne font qu'un ?

❏ Gros-René.

❏ Gorgibus.

❏ L'avocat.

❻ Comment Gros-René prouve-t-il à Gorgibus la supercherie de Sganarelle ?

❏ Sous la menace, il obtient les aveux de Sganarelle.

❏ Au moment où Sganarelle se montre à la fenêtre, la fraise et le chapeau tombent.

❏ Gros-René montre à son maître la robe de médecin qu'il vient de ramasser.

❼ À la fin de la pièce, quel est le sort réservé à Sganarelle par Gorgibus ?

❏ Sganarelle est chassé à coups de bâton.

❏ Sganarelle est pendu.

❏ Sganarelle est pardonné et peut fêter le mariage de Lucile et Valère.

Des questions pour aller plus loin

☛ Étudier la progression de la farce jusqu'au dénouement

La triple identité de Sganarelle : une jonglerie virtuose

❶ Quelles sont les trois identités de Sganarelle des scènes 11 à 15 ? Indiquez trois scènes dans lesquelles il endosse un rôle différent.

❷ Dans la scène 11, quelles expressions Sganarelle emploie-t-il pour montrer sa déférence envers Gorgibus ? Quels termes utilise-t-il pour susciter la pitié ?

❸ Dans la scène 15, quelles insultes Sganarelle utilise-t-il pour interpeller son prétendu jumeau ? Montrez l'effet comique qui résulte du contraste entre ce registre de langue et celui employé par le prétendu Narcisse.

❹ Les personnages en scène disposent-ils des mêmes informations que les spectateurs ? Montrez que le comique tient en partie à la supériorité des spectateurs par rapport aux personnages dupés.

❺ Par quel moyen Sganarelle parvient-il à endosser deux identités différentes dans un même lieu ? Réfléchissez à l'organisation du décor, aux déplacements effectués et appuyez-vous sur les didascalies.

Du suspense comique au triomphe de la farce

❻ À partir de quel moment de la scène 14 l'imposture de Sganarelle risque-t-elle fort d'être découverte ?

❼ Dans cette même scène, relevez deux images qu'utilise Sganarelle pour rendre compte de sa situation, et mettez en évidence l'humour de ces propos.

❽ Comment Gorgibus et Gros-René réagissent-ils face au jeu de Sganarelle ? Lequel des deux est le moins dupe de ses agissements ?

❾ Indiquez précisément deux passages de la scène 15 où le valet risque d'être confondu, et montrez pour chacun d'eux la ruse qu'utilise Sganarelle pour se tirer d'affaire.

❿ Quel moment de la scène 15 constitue pour vous le point culminant du suspense ? Justifiez votre réponse.

⓫ En tenant compte de vos réponses précédentes et en analysant les différents rebondissements, mettez en évidence le crescendo comique dans la succession des événements.

Tout est bien qui finit bien

⓬ La ruse de Sganarelle finit-elle par être découverte ? Le valet est-il pour autant perdant ?

⓭ Ce dénouement est-il vraisemblable ? Pourquoi ?

> *Rappelez-vous !*
> • Une comédie met en œuvre différents procédés destinés à faire rire. Le comique de caractère repose sur les défauts des personnages dont le ridicule nous fait sourire. Le comique de mots utilise le langage, les jeux de mots ou les différences de registre. Le comique de gestes se fonde sur les déplacements des personnages et leur attitude physique. Le comique de situation naît des quiproquos et des coups de théâtre liés au surgissement inopiné d'un personnage.
> • La comédie a toujours un dénouement heureux : les personnages sympathiques ont raison de ceux qui leur veulent du mal.

De la lecture à l'écriture

Des mots pour mieux écrire

❶ *Parmi les termes suivants rencontrés dans les sept dernières scènes, formez des couples de synonymes :* désobliger, honte, fourbe, obligeance, opprobre, hypocrite, complaisance, contentement, satisfaction, importuner.

❷ a. *Quel est le suffixe utilisé dans la formation de l'adjectif « admirable » ?*
b. *Sur le même modèle, construisez des adjectifs à partir des verbes suivants :* faire, rire, lire, utiliser, apprécier.
c. *Quel est le sens de ce suffixe ? Apparaît-il sous une forme identique dans tous les cas ?*

❸ a. *Quel est le sens de cette phrase dite par Gorgibus dans la scène 15 :* « C'est le médecin et Narcisse son frère ; ils avaient quelque différend, et ils font leur accord » *?*
b. *Quelle différence de nature (classe grammaticale) et de sens observez-vous entre les deux mots suivants :* « différent » et « différend » *?*
c. *Les deux termes ont la même origine étymologique, le verbe latin « differe ». Quel point commun observez-vous entre ces deux mots que vous venez de définir ?*

À vous d'écrire

❶ Imaginez que la réaction de Gorgibus dans la dernière scène de la pièce soit différente et donne lieu à un tout autre dénouement.

Consigne. Rédigez la scène finale de cette pièce en mettant en scène les personnages que vous voudrez.

❷ Rédigez un article dans lequel vous exprimerez votre avis concernant *Le Médecin volant*. Pour justifier votre point de vue, vous devrez avancer plusieurs arguments (raisons) pour lesquelles vous avez apprécié – ou non – cette pièce.

Consigne. Pensez au sujet, aux personnages, au genre, à certains passages qui vous ont marqué. Vous devrez rédiger une quinzaine de lignes. Soignez le style de manière à être persuasif ! Attention, que cette pièce vous ait plu ou déplu, vous ne devez pas remettre en cause sa valeur littéraire.

❸ Comment comprenez-vous le titre de la pièce ?

Consigne. Vous rédigerez un texte d'une dizaine de lignes après avoir réfléchi aux questions suivantes.

a. Que vous a évoqué le titre avant même de lire la pièce ?

b. Autrefois, les « passe-volants » étaient de faux soldats que les officiers engageaient pour un jour afin de combler les vides dans les défilés. Quel lien pouvez-vous établir entre ces « passe-volants » et le médecin volant de Molière ?

c. À quel moment de la pièce Sganarelle pourrait-il faire figure, au sens propre, de « médecin volant » ? Pourquoi ?

Du texte à l'image

➡ Mise en scène du *Médecin volant* par Dario Fo à la Comédie-Française en 1990.
(Image reproduite en couverture.)

👁 *Lire l'image*

❶ Observez l'image reproduite en couverture. Quels sont, d'après vous, les deux personnages représentés ?

❷ Quelles remarques pouvez-vous faire sur l'expression des visages, et plus particulièrement sur celui de droite ? Que peut-on déduire du rapport entre les deux personnages ?

❸ Comparez ce « médecin volant » et celui imaginé par Christian Schiaretti (image reproduite en fin d'ouvrage, au verso de la couverture). Lequel préférez-vous, et pourquoi ?

📄 *Comparer le texte et l'image*

❹ Cette photographie vous semble-t-elle correspondre à un moment particulier du texte ? Pourquoi, à votre avis, a-t-on choisi ces deux personnages pour illustrer l'ensemble de la pièce ?

❺ Les personnages semblent-ils statiques, ou donnent-ils une impression de mouvement ? En quoi cette photographie est-elle représentative de la tonalité générale de la pièce ?

✏ *À vous de créer*

❻ Imaginez une bande-annonce cinématographique qui servirait de publicité à une représentation du *Médecin volant*. Rédigez pour chacun des personnages un monologue de présentation bref et amusant, qui mettra en évidence son rôle dans l'histoire sans dévoiler toute l'intrigue.

7 Choisissez sept camarades de classe pour interpréter votre publicité. Vous leur donnerez les indications nécessaires pour qu'ils servent au mieux votre texte.

Des questions sur l'ensemble de la pièce

Une intrigue en deux temps

1 Résumez selon vos propres termes l'intrigue de cette pièce.

2 À quel moment de la pièce Sganarelle semble-t-il s'être acquitté de sa mission ? Quel rebondissement empêche de clore la comédie ?

3 Comment l'intrigue progresse-t-elle à partir de la scène 5 ? Que font les personnages qui ne sont pas présents sur scène ?

4 Quel est alors le nouveau défi de Sganarelle ? Quel est le principal intérêt de ces dernières scènes ?

Jeunes premiers, dupes et fourbes, les figures de la comédie

5 Quels sont les deux personnages pour lesquels l'issue de l'intrigue est cruciale ? Ces personnages apparaissent-ils souvent sur la scène ? Pourquoi, à votre avis ?

6 Quels sont les deux personnages masculins les plus astucieux dans l'ensemble de la pièce ? En quoi est-ce amusant ?

❼ Quels personnages font figure de perdants ? Quelles remarques vous inspirent-ils ?

Une satire de la médecine

❽ En faisant jouer à Sganarelle un rôle caricatural de médecin, quelles critiques de la médecine Molière formule-t-il ? Pour répondre à cette question, relisez attentivement les scènes 2, 4, 5 et 8.

❾ Recopiez une formule amusante rencontrée dans ces scènes qui résume l'efficacité de la médecine selon Molière.

❿ Quelle autre profession se trouve ridiculisée dans *Le Médecin volant* ? À quelle classe de la société Molière s'en prend-il, et pourquoi ?

Farce et comédie

⓫ En vous appuyant sur le «Rappelez-vous» de la page 50, montrez que *Le Médecin volant* est une comédie. Vous donnerez un ou plusieurs exemples des différents procédés comiques utilisés par Molière dans cette pièce.

⓬ Quelle autre forme d'art évoque le spectacle qui se joue dans le cadre de la fenêtre à la fin de la scène 15 ?

⓭ *Le Médecin volant* est aussi par certains égards très proche de la farce, qui est l'ancêtre de la comédie moderne. En vous appuyant sur la définition de ce genre évoquée page 88, mettez en évidence les éléments précis de cette pièce qui vous semblent relever du genre de la farce.

Des mots pour mieux écrire

Lexique des maux et des remèdes

Altération : dégradation par rapport à l'état initial d'une personne.

Bile : humeur dont l'excès est supposé provoquer la mélancolie et faire jaunir le teint.

Cautère : instrument utilisé pour brûler les plaies et permettre ainsi leur cicatrisation.

Cure : ensemble des soins médicaux, souvent d'une certaine durée, destinés à traiter les maladies.

Égrotant : malade.

Hippocrate : célèbre médecin de l'antiquité grecque, considéré comme le père de la médecine moderne.

Inflammation : réaction de défense de l'organisme, en réponse à une irritation ou à une infection.

Ordonnance : document écrit par un médecin pour prescrire un remède ou un examen médical.

Potion : médicament liquide.

Prescrire : recommander fermement des soins ou un traitement à un patient.

Remède : médicament ou moyen permettant de guérir ou prévenir une maladie.

Complétez le texte suivant en utilisant les termes du lexique des maux et des remèdes qui conviennent.

Comme sa fille était malade et que sa mauvaise mine faisait craindre une affection de la _____, Gorgibus, inquiet, envoya quérir un docte médecin qui se réclamait d'_____. Celui-ci considéra l'urine de l'_____, constata l'_____ de son état et diagnostiqua une _____ des intestins. Pour guérir sa patiente, le médecin ne prescrivit pas de _____ : l' _____ recommandait seulement du repos à la campagne.

Lexique des arts de la scène

Baladin : comédien ambulant.

Bouffon : comédien dont l'emploi est de faire rire, dans des farces ou des pantomimes (pièces mimées).

Cabotin : comédien de second rang dont l'interprétation est souvent outrée.

Comédien : personne qui interprète toutes sortes de pièces de théâtre, des rôles comiques ou tragiques.

Coulisses : parties d'un théâtre situées de chaque côté ou à l'arrière de la scène, cachées au public par les décors.

Cour : partie droite de la scène par rapport au spectateur.

Dramaturge : auteur de pièces de théâtre.

Figurant : comédien dont le rôle est très secondaire et souvent muet.

Filer : répéter une pièce en entier et en une seule fois.

Histrion : comédien (terme péjoratif ou méprisant).

Jardin : partie gauche de la scène par rapport au spectateur.

Planches : terme utilisé pour désigner la scène d'un théâtre.

Saltimbanque : artiste ambulant dont la profession est d'amuser la foule dans les foires, avec des acrobaties, des tours de force ou d'adresse.

Souffleur : personne chargée de souffler le texte aux comédiens en cas de trou de mémoire.

Tragédien : comédien qui interprète surtout des tragédies, c'est-à-dire des pièces dont le ton est grave et l'issue fatale pour le ou les principaux personnages.

Mots croisés

Remplissez cette grille à l'aide du lexique des arts de la scène.

Horizontalement

1. Artiste de foire exerçant divers arts de la scène.
2. À gauche de la scène.
3. Acteur pour lequel on a peu d'estime.
4. Comédien de farce.
5. Elle est sur scène mais on ne l'entend pas.
6. Molière, Racine et Corneille en sont de prestigieux exemples.

Verticalement

A. Les acteurs évoluent sur elles.
B. Il est nécessaire de le faire avant la première représentation.
C. Comédien ambulant.
D. Homme de l'ombre qui pallie les trous de mémoire.

Lexique de la ruse et de la provocation

Contrefaire: imiter avec l'intention de tromper.
Désobligeant: qui se conduit de manière désagréable ou blessante envers autrui.
Dupe: personne que l'on a trompée ou qui se laisse facilement abuser.
Fourbe: sournois; qui emploie des ruses perfides pour tromper autrui.
Importuner: déranger, ennuyer quelqu'un par un comportement déplacé.

Impudence: insolence. Attitude de quelqu'un qui agit volontairement de manière offensante.
Jouer la farce: s'amuser aux dépens de quelqu'un, comme dans les farces jouées au théâtre.
Rompre la tête: exaspérer.
Tromper: induire quelqu'un en erreur en usant de mensonges.

Complétez les répliques suivantes avec les termes du lexique de la ruse et de la provocation qui conviennent.

SGANARELLE. – Tout d'abord, ce projet de _____ le médecin ne me disait rien; il me paraissait trop audacieux. Mais j'ai trouvé du plaisir à _____ autrui, d'autant que la _____ en question était un vieillard avare et obstiné. Oui, je suis _____, mais non sans talent; j'aime _____ et faire rire.

GORGIBUS. – Une telle _____ est intolérable! Ton comportement est _____, et il y a de la malice à _____ ainsi ses semblables. Tes manœuvres m'_____ *[verbe au passé composé]*; mais je te pardonne, car peut-être es-tu finalement plus sage que moi.

À vous de créer

❶ *Mettre en scène* Le Médecin volant

À vous maintenant de mettre en scène *Le Médecin volant*.
Mettez-vous par groupe de deux ou trois pour réfléchir à une scène,
ou à une partie de scène que vous aimeriez interpréter.

• Pensez au caractère des personnages, à leur humeur à ce moment
de la pièce, au but qu'ils ont en tête et aux déplacements qu'ils
devront effectuer.
• Visualisez le décor et imaginez des conventions qui vous
permettront de représenter les lieux avec les objets dont vous
disposez (chaises, tables). Rassemblez les accessoires nécessaires
(un chapeau par exemple).
• Apprenez ensuite le texte choisi et interprétez-le.

❷ *Réaliser une affiche pour* Le Médecin volant

Afin d'annoncer à d'autres classes la représentation des extraits
que vous avez travaillés, imaginez à deux ou trois (selon le groupe
d'acteurs que vous avez formé) une affiche pour *Le Médecin volant*.

• Pour concevoir cette affiche, appuyez-vous sur la réflexion que
vous avez fournie sur le titre de cette pièce dans la question 3 p. 52.
• Vous pouvez, au choix, l'illustrer par la représentation d'une scène,
ou imaginer librement ce que vous inspire ce titre curieux.
• Sur une feuille de format A3, vous utiliserez le dessin, la peinture
ou la photographie pour composer votre affiche. Vous pouvez
également mêler ces différentes techniques en effectuant des
collages.
• N'oubliez pas d'indiquer la date, l'heure et le lieu de la
représentation, et de mentionner le nom des interprètes.

Groupements de textes

Le valet maître du jeu

Plaute, *L'Imposteur*

Dans cette comédie de Plaute, auteur latin du IIIe siècle avant J.-C. (254-184 av. J.-C.), le fils du vieux Simon, amoureux de l'esclave d'un marchand sans scrupule, s'en remet à Pseudolus, l'esclave de son père, pour enlever sa bien-aimée. Dans la scène 5 de l'acte I, l'astucieux Pseudolus prévient son maître de ses intentions, afin de mieux le tromper...

SIMON. – [...] Dis-moi. Tu sais que mon fils est amoureux d'une joueuse de flûte ?

PSEUDOLUS. – *Si signor* !

SIMON. – Et qu'il veut l'affranchir ?

PSEUDOLUS. – *Anche questo, lo so*[1] !

SIMON. – Et que tu t'apprêtes à m'escroquer vingt mines[2], par tes fourberies et tes ruses savantes ?

---

1. *Anche questo, lo so* : ça aussi, je le sais (italien).
2. **Mines** : monnaie de l'époque.

PSEUDOLUS. – Te les escroquer?

SIMON. – Oui, pour les donner à mon fils, afin qu'il affranchisse[1] celle qu'il aime? Avoue; dis: *anche questo!*

PSEUDOLUS. – *Anche questo!*

CALLIPHON[2]. – Il avoue!

[...]

SIMON. – Qu'allez-vous faire maintenant? Car vous ne pouvez pas obtenir d'argent de moi, surtout maintenant que j'ai tout deviné, et je vais faire savoir à tout le monde qu'on ne doit pas vous prêter un sou.

PSEUDOLUS. – Jamais je n'irai supplier personne, par Pollux, aussi longtemps que tu vivras. C'est toi, par Hercule, qui me donneras de l'argent; c'est à toi que je le prendrai.

SIMON. – Tu me le prendras?

PSEUDOLUS. – Parfaitement.

SIMON. – Crève-moi un œil, par Hercule, si je t'en donne.

PSEUDOLUS. – Tu m'en donneras. Je te le dis pour que tu te méfies de moi.

SIMON. – Il y a une chose, par Pollux, que je sais: si tu m'en escroques, tu auras accompli un exploit considérable, remarquable!

PSEUDOLUS. – Je le ferai.

SIMON. – Et si tu ne m'escroques pas?

PSEUDOLUS. – Fais-moi battre de verges. Mais, si je t'en escroque?

SIMON. – J'en prends Jupiter à témoin: tu ne seras pas puni.

PSEUDOLUS. – Tâche de t'en souvenir.

SIMON. – Comment, je ne pourrais pas me garder, alors que je suis prévenu?

---

1. Afin qu'il affranchisse : afin qu'il rende libre.
2. Calliphon est un ami de Simon.

PSEUDOLUS. – Je t'avertis de faire attention ; je te dis, je te répète, de faire attention. Attention ! Tiens, de tes propres mains, aujourd'hui, tu me donneras cet argent.

CALLIPHON. – Par Pollux, c'est un individu à immortaliser, s'il tient parole.

Plaute, *L'Imposteur* [vers 191 av. J.-C.], dans *Théâtre complet*, trad. du latin par P. Grimal, Gallimard, « Folio classique », 1991.

Molière, *Les Fourberies de Scapin*

Les Fourberies de Scapin de Molière (1622-1673) reposent sur l'astuce de Scapin. Dans la scène 2 de l'acte III, pour se venger de Géronte, le valet feint de le soustraire aux coups d'un prétendu ennemi en l'enfermant dans un sac…

SCAPIN. – Je dis que vos ennemis seront bien attrapés. Mettez-vous bien jusqu'au fond, et surtout prenez garde de ne vous point montrer, et de ne branler[1] pas, quelque chose qui puisse arriver.

GÉRONTE. – Laisse-moi faire. Je saurai me tenir…

SCAPIN. – Cachez-vous. Voici un spadassin[2] qui vous cherche. *(En contrefaisant sa voix.)* « Quoi ? Jé n'aurai pas l'abantage dé tuer cé Géronte, et quelqu'un par charité né m'enseignera pas où il est ? » *(À Géronte avec sa voix ordinaire.)* Ne branlez pas. *(Reprenant son ton contrefait.)* « Cadédis[3], jé lé trouberai, sé cachât-il au centre dé la terre. » *(À Géronte avec son ton naturel.)* Ne vous montrez pas. *(Tout le langage gascon est supposé de celui qu'il contrefait, et le reste de lui.)* « Oh, l'homme au sac ! » Monsieur. « Jé té vaille un louis, et m'enseigne où put être Géronte[4]. » Vous cherchez le seigneur Géronte ? « Oui, mordi ! Jé lé cherche. »

---

1. Branler : bouger.
2. Spadassin : sorte de tueur à gages.
3. Cadédis : juron provençal qui signifie « tête de Dieu ».
4. Jé té vaille un louis, et m'enseigne où put être Géronte : je te donne un louis si tu me dis où peut être Géronte.

Et pour quelle affaire, Monsieur? «Pour quelle affaire?» Oui.
«Jé beux, cadédis, lé faire mourir sous les coups de vaton.»
Oh! Monsieur, les coups de bâton ne se donnent point à des
gens comme lui, et ce n'est pas un homme à être traité de la
sorte. «Qui, cé fat[1] dé Géronte, cé maraut, cé velître[2]?» Le seigneur Géronte, Monsieur, n'est ni fat, ni maraud, ni belître, et
vous devriez, s'il vous plaît, parler d'autre façon. «Comment,
tu mé traites, à moi, avec cette hautur?» Je défends, comme
je dois, un homme d'honneur qu'on offense. «Est-ce que tu
es des amis dé cé Geronte?» Oui, Monsieur, j'en suis. «Ah!
Cadédis, tu es de ses amis, à la vonne hure.» *(Il donne plusieurs
coups de bâton sur le sac.)* «Tiens. Boilà cé que jé té vaille pour
lui.» Ah, ah, ah! Ah, Monsieur! Ah, ah, Monsieur! Tout beau.
Ah, doucement, ah, ah, ah! «Va, porte-lui cela de ma part.
Adiusias.» Ah! diable soit le Gascon! Ah! *(En se plaignant et
remuant le dos, comme s'il avait reçu les coups de bâton.)*

GÉRONTE, *mettant la tête hors du sac.* – Ah, Scapin, je n'en puis
plus.

SCAPIN. – Ah, Monsieur, je suis tout moulu, et les épaules me
font un mal épouvantable.

GÉRONTE. – Comment, c'est sur les miennes qu'il a frappé.

SCAPIN. – Nenni, Monsieur, c'était sur mon dos qu'il frappait.

GÉRONTE. – Que veux-tu dire? J'ai bien senti les coups, et les
sens bien encore.

SCAPIN. – Non, vous dis-je, ce n'est que le bout du bâton qui a
été jusque sur vos épaules.

GÉRONTE. – Tu devais donc te retirer un peu plus loin, pour
m'épargner…

Molière, *Les Fourberies de Scapin* [1671],
Belin-Gallimard, «Classico», 2008.

---

1. **Fat** : sot.
2. **Velître, belître** : fainéant.

Molière, *Le Malade imaginaire*

Dans *Le Malade imaginaire* de Molière (1622-1673), Argan veut marier sa fille Angélique avec un médecin, Thomas Diafoirus, afin de s'attacher un gendre entièrement dévolu à ses soins. Toinette, la suivante d'Angélique, devra user de toutes ses ressources pour détourner le cours des événements. Dans la scène 5 de l'acte I, elle prend face à Argan le parti de la jeune fille.

TOINETTE. – Monsieur, tout cela est bel et bon ; mais j'en reviens toujours là : je vous conseille, entre nous, de lui choisir un autre mari, et elle n'est point faite pour être Madame Diafoirus.

ARGAN. – Et je veux, moi, que cela soit.

TOINETTE. – Eh fi, ne dites pas cela.

ARGAN. – Comment, que je ne dise pas cela ?

TOINETTE. – Hé non !

ARGAN. – Et pourquoi ne le dirai-je pas ?

TOINETTE. – On dira que vous ne songez pas à ce que vous dites.

ARGAN. – On dira ce qu'on voudra, mais je vous dis que je veux qu'elle exécute la parole que j'ai donnée.

TOINETTE. – Non : je suis sûre qu'elle ne le fera pas.

ARGAN. – Je l'y forcerai bien.

TOINETTE. – Elle ne le fera pas, vous dis-je.

ARGAN. – Elle le fera, ou je la mettrai dans un couvent.

[...]

TOINETTE. – Mon Dieu je vous connais, vous êtes bon naturellement.

ARGAN, *avec emportement*. – Je ne suis point bon, et je suis méchant quand je veux.

TOINETTE. – Doucement, Monsieur : vous ne songez pas que vous êtes malade.

ARGAN. – Je lui commande absolument de se préparer à prendre le mari que je dis.

TOINETTE. – Et moi, je lui défends absolument d'en faire rien.

ARGAN. – Où est-ce donc que nous sommes ? et quelle audace est-ce là à une coquine de servante de parler de la sorte devant son maître ?

TOINETTE. – Quand un maître ne songe pas à ce qu'il fait, une servante bien sensée est en droit de le redresser.

ARGAN *court après Toinette*. – Ah ! insolente, il faut que je t'assomme.

TOINETTE *se sauve de lui*. – Il est de mon devoir de m'opposer aux choses qui vous peuvent déshonorer.

ARGAN, *en colère, court après elle autour de sa chaise, son bâton à la main*. – Viens, viens, que je t'apprenne à parler.

TOINETTE, *courant, et se sauvant du côté de la chaise où n'est pas Argan*. – Je m'intéresse, comme je dois, à ne vous point laisser faire de folie.

ARGAN. – Chienne !

TOINETTE. – Non, je ne consentirai jamais à ce mariage.

ARGAN. – Pendarde !

TOINETTE. – Je ne veux point qu'elle épouse votre Thomas Diafoirus.

ARGAN. – Carogne !

TOINETTE. – Et elle m'obéira plutôt qu'à vous.

ARGAN. – Angélique, tu ne veux pas m'arrêter cette coquine-là ?

ANGÉLIQUE. – Eh ! mon père, ne vous faites point malade.

ARGAN. – Si tu ne me l'arrêtes, je te donnerai ma malédiction.

TOINETTE. – Et moi, je la déshériterai, si elle vous obéit.

ARGAN *se jette dans sa chaise, étant las de courir après elle*. – Ah ! ah ! je n'en puis plus. Voilà pour me faire mourir.

Molière, *Le Malade imaginaire* [1673],
Belin-Gallimard, « Classico », 2010.

Carlo Goldoni, *Arlequin serviteur de deux maîtres*

Dans cette pièce de Carlo Goldoni, auteur italien du xviiie siècle (1707-1793), Truffaldin, pour augmenter ses revenus, sert deux maîtres à la fois, Florindo et Béatrice (déguisée en homme). Tous deux logent dans la même auberge et ignorent la supercherie. Dans la scène 15 de l'acte II, l'heure du repas relève du défi : Truffaldin doit servir chaque maître dans sa chambre, tout en se préservant une part du festin.

GARÇON. – Tenez, monsieur qui veut tout faire ; apportez ces croquettes[1] à votre patron.

TRUFFALDIN, *prenant le plat.* – Des croquettes ?

GARÇON. – Oui, les croquettes qu'il a commandées. *(Il s'en va.)*

TRUFFALDIN. – Ah ça ! À qui faut-il que je les apporte ? Diable, lequel des deux patrons a bien pu les commander ? Si je vais demander à la cuisine, je ne voudrais pas leur mettre la puce à l'oreille ; si je me trompe et que je ne les apporte pas à celui qui les a commandées, l'autre va poser des questions, et on découvrira l'embrouille. Je vais faire comme ça... Eh, je suis quelqu'un, moi ! Je vais faire comme ça ; je les répartirai sur deux assiettes, j'en apporterai la moitié à chacun, et comme ça, celui qui les a commandées sera satisfait. *(Il prend une des assiettes qui sont dans la salle et partage les croquettes en deux parts.)* Quatre et quatre. Mais il y en a une en plus. À qui je dois la donner ? Je ne veux fâcher personne ; je me la mangerai moi. *(Il mange la croquette.)* Maintenant, ça va. Apportons les croquettes à celui-ci. *(Il pose une assiette par terre et apporte l'autre à Béatrice.)*

GARÇON, *avec le « bouldingue » à l'anglaise, appelant.* – Truffaldin.

TRUFFALDIN. – Me voilà.

GARÇON. – Apportez ce bouldingue...

TRUFFALDIN. – Attendez, j'arrive. *(Il prend l'autre assiette de croquettes pour l'apporter à Florindo.)*

---

1. **Croquettes** : boulettes frites, à base de pomme de terre.

GARÇON. – Vous vous trompez ; les croquettes vont par là.

TRUFFALDIN. – Oui Monsieur, je le sais, je les ai apportées par là ; et mon patron en envoie quatre en cadeau à cet étranger. *(Il entre chez Florindo.)*

GARÇON. – Ils se connaissent donc, ils sont amis ? Ils auraient pu déjeuner ensemble.

TRUFFALDIN, *revenant de chez Florindo, au garçon.* – Et alors, qu'est-ce que c'est que ce machin-là ?

GARÇON. – Ça, c'est un bouldingue à l'anglaise.

TRUFFALDIN. – C'est pour qui ?

GARÇON. – Pour votre patron. *(Il s'en va.)*

TRUFFALDIN. – Diable, qu'est-ce que c'est que ce bouldingue ? L'odeur est délicieuse, on dirait de la polenta[1]. Oh, si c'était de la polenta, c'est ça qui serait bien. *(Il sort de sa poche une fourchette.)* Je veux goûter. *(Il mange.)* Ce n'est pas de la polenta, mais ça y ressemble. *(Il mange).* C'est mieux que de la polenta.

BÉATRICE, *de sa chambre, l'appelant.* – Truffaldin.

TRUFFALDIN, *la bouche pleine.* – Je viens.

FLORINDO, *de sa chambre, l'appelant.* – Truffaldin.

TRUFFALDIN, *même jeu.* – Je suis là. Oh ! c'est délicieux. *(Il continue à manger.)* Encore une petite bouchée, et je viens.

[...]

TRUFFALDIN. – Je récupère mon bouldingue ; victoire, j'y suis arrivé, ils sont tous contents, ils ne veulent plus rien, ils ont été servis. J'ai servi à table deux patrons, et aucun des deux n'a rien su de l'autre. Mais si j'ai servi pour deux, maintenant je veux aller manger pour quatre. *(Il s'en va.)*

Carlo Goldoni, *Arlequin serviteur de deux maîtres* [1757], trad. de l'italien par V. Tasca, GF-Flammarion, 1996.

---

1. Polenta : plat à base de farine de maïs.

Beaumarchais, *Le Barbier de Séville*

Dans cette pièce de Beaumarchais (1732-1799), le comte Almaviva est tombé amoureux de la jeune Rosine, et désespère de l'arracher à Bartholo, son vieux tuteur, qui a le projet de l'épouser. Dans la scène 4 de l'acte I, le sort lui fait rencontrer Figaro, le «barbier de Séville», serviteur de la maison, auquel il devra s'en remettre pour avoir accès à sa dulcinée...

LE COMTE. – Ah! si l'on pouvait écarter tous les surveillants!…

FIGARO. – C'est à quoi je rêvais.

LE COMTE. – Pour douze heures seulement!

FIGARO. – En occupant les gens de leur propre intérêt, on les empêche de nuire à l'intérêt d'autrui.

LE COMTE. – Sans doute. Eh bien?

FIGARO, *rêvant.* – Je cherche dans ma tête si la pharmacie[1] ne fournirait pas quelques petits moyens innocents…

LE COMTE. – Scélérat!

FIGARO. – Est-ce que je veux leur nuire? Ils ont tous besoin de mon ministère[2]. Il ne s'agit que de les traiter ensemble.

LE COMTE. – Mais ce médecin peut prendre un soupçon.

FIGARO. – Il faut marcher si vite, que le soupçon n'ait pas le temps de naître. Il me vient une idée. Le Régiment de Royal-Infant arrive en cette ville.

LE COMTE. – Le Colonel est de mes amis.

FIGARO. – Bon. Présentez-vous chez le Docteur en habit de cavalier[3], avec un billet de logement; il faudra bien qu'il vous héberge; et moi, je me charge du reste.

LE COMTE. – Excellent!

---

1. À l'époque, les barbiers servaient d'aide aux médecins pour les saignées, c'est pourquoi ils avaient accès à la «pharmacie», c'est-à-dire aux médicaments.
2. Mon ministère : mes services.
3. Cavalier : soldat servant dans la cavalerie.

FIGARO. – Il ne serait même pas mal que vous eussiez l'air entre deux vins…

LE COMTE. – À quoi bon ?

FIGARO. – Et le mener un peu lestement sous cette apparence déraisonnable.

LE COMTE. – À quoi bon ?

FIGARO. – Pour qu'il ne prenne aucun ombrage, et vous croie plus pressé de dormir que d'intriguer chez lui.

LE COMTE. – Supérieurement vu ! Mais que n'y vas-tu, toi ?

FIGARO. – Ah ! oui, moi ! Nous serons bien heureux s'il ne vous reconnaît pas, vous qu'il n'a jamais vu. Et comment vous introduire après ?

LE COMTE. – Tu as raison.

FIGARO. – C'est que, vous ne pourrez peut-être pas soutenir ce personnage difficile. Cavalier… pris de vin…

LE COMTE. – Tu te moques de moi. *(Prenant un ton ivre.)* N'est-ce point ici la maison du Docteur Bartholo, mon ami ?

FIGARO. – Pas mal, en vérité ; vos jambes seulement un peu plus avinées[1]. *(D'un ton plus ivre.)* N'est-ce pas ici la maison…

LE COMTE. – Fi donc ! tu as l'ivresse du peuple.

FIGARO. – C'est la bonne ; c'est celle du plaisir.

LE COMTE. – La porte s'ouvre.

FIGARO. – C'est notre homme : éloignons-nous jusqu'à ce qu'il soit parti.

Beaumarchais, *Le Barbier de Séville* [1775], Gallimard, « Folio théâtre », 1996.

---

1. Le comte doit feindre davantage l'ivresse.

Quiproquos en scène

Molière, *Le Médecin malgré lui*

Cette pièce de Molière (1622-1673) repose sur le personnage de Sganarelle, contraint, par une ruse de sa femme, d'usurper l'identité d'un médecin. Dans la scène 4 de l'acte II, il examine Lucinde qui feint d'être muette depuis que son père Géronte lui a révélé sa volonté de la marier avec un homme qu'elle n'aime pas.

SGANARELLE. – Est-ce là la malade ?

GÉRONTE. – Oui, je n'ai qu'elle de fille ; et j'aurais tous les regrets du monde si elle venait à mourir.

SGANARELLE. – Qu'elle s'en garde bien ! il ne faut pas qu'elle meure sans l'ordonnance du médecin.

GÉRONTE. – Allons, un siège.

SGANARELLE. – Voilà une malade qui n'est pas tant dégoûtante ; et je tiens qu'un homme bien sain s'en accommoderait assez.

GÉRONTE. – Vous l'avez fait rire, Monsieur.

SGANARELLE. – Tant mieux : lorsque le médecin fait rire le malade, c'est le meilleur signe du monde. Eh bien ! de quoi est-il question ? qu'avez-vous ? quel est le mal que vous sentez ?

LUCINDE *répond par signes, en portant sa main à sa bouche, à sa tête, et sous son menton.* – Han, hi, hon, han.

SGANARELLE. – Eh ! que dites-vous ?

LUCINDE *continue les mêmes gestes.* – Han, hi, hon, han, han, hi, hon.

SGANARELLE. – Quoi ?

LUCINDE. – Han, hi, hon.

SGANARELLE, *la contrefaisant.* – Han, hi, hon, han, ha. Je ne vous entends point. Quel diable de langage est-ce là ?

GÉRONTE. – Monsieur, c'est là, sa maladie. Elle est devenue muette, sans que jusques ici, on en ait pu savoir la cause, et c'est un accident qui a fait reculer son mariage.

SGANARELLE. – Et pourquoi ?

GÉRONTE. – Celui qu'elle doit épouser veut attendre sa guérison pour conclure les choses.

SGANARELLE. – Et qui est ce sot-là qui ne veut pas que sa femme soit muette ? Plût à Dieu que la mienne eût cette maladie ! Je me garderais bien de la vouloir guérir.

GÉRONTE. – Enfin, Monsieur, nous vous prions d'employer tous vos soins pour la soulager de son mal.

SGANARELLE. – Ah ! ne vous mettez pas en peine. Dites-moi un peu, ce mal l'oppresse-t-il beaucoup ?

GÉRONTE. – Oui, Monsieur.

SGANARELLE. – Tant mieux. Sent-elle de grandes douleurs ?

GÉRONTE. – Fort grandes.

SGANARELLE. – C'est fort bien fait. Va-t-elle où vous savez ?

GÉRONTE. – Oui.

SGANARELLE. – Copieusement ?

GÉRONTE. – Je n'entends rien à cela.

SGANARELLE. – La matière est-elle louable ?

GÉRONTE. – Je ne me connais pas à ces choses.

SGANARELLE, *se tournant vers la malade*. – Donnez-moi votre bras. Voilà un pouls qui marque que votre fille est muette.

GÉRONTE. – Eh ! oui, Monsieur, c'est là son mal : vous l'avez trouvé tout du premier coup.

SGANARELLE. – Ah, ah !

JACQUELINE[1]. – Voyez, comme il a deviné sa maladie !

SGANARELLE. – Nous autres grands médecins, nous connaissons d'abord[2] les choses. Un ignorant aurait été embarrassé, et vous

_____

1. Nourrice chez Géronte.
2. D'abord : tout de suite.

eût été dire : « C'est ceci, c'est cela » ; mais moi, je touche au but du premier coup, et je vous apprends que votre fille est muette.

Molière, *Le Médecin malgré lui* [1666],
Belin-Gallimard, « Classico », 2009.

Molière, *George Dandin*

Cette comédie de Molière (1622-1673) repose sur le personnage de George Dandin, un paysan enrichi effroyablement jaloux de sa femme, dont la naissance est supérieure à la sienne, et qu'il soupçonne d'avoir des amants. Il voit justement sortir de chez lui un homme dont il ignore l'identité. Le garçon, émissaire de l'amant redouté, se livre à George Dandin sans savoir que son confident n'est autre que le mari dont il vient de déjouer la surveillance.

GEORGE DANDIN. – Hé ! dites-moi un peu, s'il vous plaît, vous venez de là-dedans ?

LUBIN. – Chut !

GEORGE DANDIN. – Comment ?

LUBIN. – Paix !

GEORGE DANDIN. – Quoi donc ?

LUBIN. – Motus ! Il ne faut pas dire que vous m'ayez vu sortir de là.

GEORGE DANDIN. – Pourquoi ?

LUBIN. – Mon Dieu ! parce…

GEORGE DANDIN. – Mais encore ?

LUBIN. – Doucement. J'ai peur qu'on ne nous écoute.

GEORGE DANDIN. – Point, point.

LUBIN. – C'est que je viens de parler à la maîtresse du logis, de la part d'un certain monsieur qui lui fait les doux yeux, et il ne faut pas qu'on sache cela. Entendez-vous ?

GEORGE DANDIN. – Oui.

LUBIN. – Voilà la raison. On m'a enchargé de prendre garde que personne ne me vît, et je vous prie au moins de ne pas dire que vous m'ayez vu.

GEORGE DANDIN. – Je n'ai garde[1].

LUBIN. – Je suis bien aise de faire les choses secrètement comme on m'a recommandé.

GEORGE DANDIN. – C'est bien fait.

LUBIN. – Le mari, à ce qu'ils disent, est un jaloux qui ne veut pas qu'on fasse l'amour à sa femme[2], et il ferait le diable à quatre[3] si cela venait à ses oreilles : vous comprenez bien ?

GEORGE DANDIN. – Fort bien.

LUBIN. – Il ne faut pas qu'il sache rien de tout ceci.

GEORGE DANDIN. – Sans doute.

LUBIN. – On le veut tromper tout doucement : vous entendez bien ?

GEORGE DANDIN. – Le mieux du monde.

[…]

GEORGE DANDIN. – Mais quelle réponse a fait la maîtresse à ce Monsieur le courtisan ?

LUBIN. – Elle m'a dit de lui dire… attendez, je ne sais si je me souviendrai bien de tout cela… Qu'elle lui est tout à fait obligée[4] de l'affection qu'il a pour elle, et qu'à cause de son mari, qui est fantasque[5], il garde d'en rien paraître, et qu'il faudra songer à chercher quelque invention pour se pouvoir entretenir tous deux.

GEORGE DANDIN, *à part*. – Ah ! pendarde de femme !

---

1. Je n'ai garde : je prendrai bien garde (de ne rien dire).
2. Fasse l'amour : fasse la cour.
3. Il ferait le diable à quatre : il ferait un esclandre.
4. Obligée : reconnaissante.
5. Fantasque : imprévisible.

Lubin. – Testiguiéne ! cela sera drôle ; car le mari ne se doutera point de la manigance, voilà ce qui est de bon ; et il aura un pied de nez avec sa jalousie : est-ce pas ?

George Dandin. – Cela est vrai.

Lubin. – Adieu. Bouche cousue au moins. Gardez bien le secret, afin que le mari ne le sache pas.

George Dandin. – Oui, oui.

Lubin. – Pour moi, je vais faire semblant de rien : je suis un fin matois, et l'on ne dirait pas que j'y touche.

Molière, George Dandin [1668], Gallimard,
« La Bibliothèque Gallimard », 2002.

Molière, *L'École des femmes*

Dans *L'École des femmes*, de Molière (1622-1673) Arnolphe, un vieux barbon, veut épouser Agnès, sa pupille, qu'il a élevée dans l'ignorance la plus complète à la seule fin d'en faire sa femme. Un tel mariage le préserverait, pense-t-il, d'une éventuelle tromperie. Mais malgré toutes les précautions de son tuteur, Agnès a fait la rencontre d'Horace dont elle s'est éprise. Dans la scène 5 de l'acte 2, Arnolphe s'inquiète de ce qui a pu se produire durant cette entrevue et tente d'obtenir des confidences d'Agnès.

Arnolphe

Oui, mais que faisait-il étant seul avec vous ?

Agnès

Il jurait qu'il m'aimait d'une amour sans seconde,
Et me disait des mots les plus gentils du monde,
Des choses que jamais rien ne peut égaler,
Et dont, toutes les fois que je l'entends parler,
La douceur me chatouille et là-dedans remue
Certain je ne sais quoi, dont je suis toute émue.

ARNOLPHE, *à part.*

Ô fâcheux examen d'un mystère fatal,
Où l'examinateur souffre seul tout le mal !

(À Agnès)

Outre tous ces discours, toutes ces gentillesses,
Ne vous faisait-il point aussi quelques caresses ?

AGNÈS

Oh tant ! il me prenait et les mains et les bras,
Et de me les baiser il n'était jamais las.

ARNOLPHE

Ne vous a-t-il point pris, Agnès, quelqu'autre chose ?

(La voyant interdite.)

Ouf !

AGNÈS

Eh ! il m'a…

ARNOLPHE

Quoi ?

AGNÈS

Pris…

ARNOLPHE

Euh !

AGNÈS

Le…

ARNOLPHE

Plaît-il ?

AGNÈS

Je n'ose,
Et vous vous fâcherez peut-être contre moi.

ARNOLPHE

Non.

AGNÈS

Si fait.

ARNOLPHE

Mon Dieu ! non.

AGNÈS

Jurez donc votre foi.

ARNOLPHE

Ma foi, soit.

AGNÈS

Il m'a pris… Vous serez en colère.

ARNOLPHE

Non.

AGNÈS

Si.

ARNOLPHE

Non, non, non, non ! Diantre ! que de mystère !
Qu'est-ce qu'il vous a pris ?

AGNÈS

Il…

ARNOLPHE, *à part.*

Je souffre en damné.

AGNÈS

Il m'a pris le ruban que vous m'aviez donné,
À vous dire le vrai, je n'ai pu m'en défendre.

ARNOLPHE, *reprenant haleine.*

Passe pour le ruban. Mais je voulais apprendre,
S'il ne vous a rien fait que vous baiser les bras.

AGNÈS

Comment ! est-ce qu'on fait d'autres choses ?

Arnolphe

Non pas.

Mais, pour guérir du mal qu'il dit qui le possède,
N'a-t-il point exigé de vous d'autre remède ?

Agnès

Non. Vous pouvez juger, s'il en eût demandé,
Que pour le secourir j'aurais tout accordé.

Arnolphe, *à part*

Grâce aux bontés du Ciel, j'en suis quitte à bon compte.

Molière, *L'École des femmes* [1662],
Gallimard, « Folioplus classiques », 2004.

Feydeau, *Mais n'te promène donc pas toute nue !*

Piquée à la fesse par une guêpe, Clarisse, femme du député Ven-troux, est persuadée de la gravité de la situation, et fait appeler un médecin. C'est alors qu'arrive Romain de Jaival, journaliste du *Figaro* venu interviewer Ventroux. Dans la scène 10 de cette comédie de Feydeau (1862-1921) Clarisse surgit dans le salon où patiente le journaliste, et croit avoir affaire au médecin...

Clarisse, *se retournant au son de la voix.* – Ah ! le voilà ! *(Allant à de Jaival.)* Oh ! vite vite ! docteur !

De Jaival, *étonné de cette dénomination* – Comment ?

Clarisse, *le prenant par la main et l'entraînant vers la fenêtre.* – Vite, vite, venez voir !

De Jaival, *se laissant conduire.* – Que je vienne voir ? Quoi donc, Madame ?

Clarisse. – Où j'ai été piquée.

De Jaival. – Où vous avez été piquée ?

Clarisse, *faisant manœuvrer le store.* – Tenez, nous allons tirer le store pour que vous voyiez plus clair.

DE JAIVAL, *sans comprendre où elle veut en venir.* – Ah?… Oui, Madame, oui.

CLARISSE. – Vous verrez, docteur!…

DE JAIVAL, *l'arrêtant.* – Mais pardon, Madame! pardon! je ne suis pas docteur!

CLARISSE, *derrière le canapé.* – Oui, oui, je sais! vous n'avez pas le titre[1]! Ça n'a aucune importance. Tenez, regardez!

Elle se retrousse.

DE JAIVAL, *qui face au public, se retournant à l'invite et sursautant d'ahurissement[2].* – Ah!

CLARISSE, *toujours retroussée, le corps courbé en avant, le bras droit appuyé sur le dossier du canapé.* – Vous voyez?

DE JAIVAL, *d'une voix rieuse et étonnée.* – Ah! oui, Madame!… Ça, je vois!… Je vois!!

CLARISSE. – Eh bien?

DE JAIVAL, *ravi au public.* – Tout à fait pittoresque! pimpant! Quel chapeau de chronique[3]!

CLARISSE, *tournant la tête de son côté, mais sans changer de position.* – Comment?

DE JAIVAL. – Vous permettez que je prenne quelques notes?

CLARISSE. – Mais non, mais non, voyons!… Tenez, touchez?

DE JAIVAL. – Que je…

CLARISSE. – Touchez, quoi? Rendez-vous compte!

DE JAIVAL, *de plus en plus surpris.* – Ah?… Oui, Madame! Oui. *(Il est face au public, et de la main gauche renversée, il palpe Clarisse du côté droit. À part.)* Très pittoresque!

CLARISSE. – Mais, pas là, Monsieur! C'est l'autre côté!

---

1. On apprend dans une scène précédente que le médecin attendu est «officier de santé»: il est autorisé à exercer la médecine sans avoir encore le grade de docteur.
2. Ahurissement : stupéfaction.
3. Chapeau de chronique : introduction d'un article de journal.

DE JAIVAL, *transportant sa main de l'autre côté.* – Oh ! pardon !

CLARISSE. – J'ai été piquée par une guêpe.

DE JAIVAL. – Là ? Oh !… quel aplomb !

CLARISSE. – L'aiguillon doit être sûrement resté.

DE JAIVAL. – Est-il possible !

CLARISSE. – Voyez donc !

DE JAIVAL, *se faisant à la situation.* – Ah ! que je ?… Oui, Madame, oui !

> *Il se fixe son monocle dans l'œil et s'accroupit.*

CLARISSE. – Vous l'apercevez ?

DE JAIVAL. – Attendez ! Oui, oui ! Je le vois !

CLARISSE. – Ah ? Ah ?

DE JAIVAL. – Oui, oui ! même il dépasse tellement, que je crois qu'avec les ongles…

CLARISSE. – Oh ! essayez, docteur, essayez !

DE JAIVAL. – Oui, Madame, oui !

> *À ce moment, sort du cabinet de travail, Hochepaix[1] suivi de Ventroux.*

HOCHEPAIX, *à la vue de la scène.* – Ah !

VENTROUX, *scandalisé.* – Oh !

> *Il se précipite sur Hochepaix et lui fait faire volte-face.*

CLARISSE, *sans se troubler, ni changer de position.* – Dérangez pas ! Dérangez pas !

DE JAIVAL, *arrachant l'aiguillon, et se relevant.* – Tenez, Madame ! le voilà ! le voilà ! le mâtin[2] !

VENTROUX, *bondissant sur de Jaival et l'envoyant pirouetter n° 2.* – Ah ça ! Voulez-vous, vous !…

CLARISSE et DE JAIVAL, *en même temps.* – Qu'est-ce qu'il y a ?

---

1. Hochepaix est l'adversaire politique de Ventroux.
2. Le mâtin : le coquin.

VENTROUX. – Tu fais voir ton derrière à un rédacteur du *Figaro*!

CLARISSE. – Du *Figaro*! du *Figaro*!

VENTROUX, *furieux*. – Oui, monsieur Romain de Jaival, du *Figaro*!

Feydeau, *Mais n'te promène donc pas toute nue* [1911],
Mille et une nuits, 2001.

Jean Tardieu, *De quoi s'agit-il ou La Méprise*

De quoi s'agit-il, une comédie de Jean Tardieu (1903-1995), met en scène Monsieur et Madame Poutre, amenés à comparaître devant le juge en qualité de témoins dans une affaire très particulière.

LE JUGE. – Comment cela s'est-il passé? La première fois?

MADAME POUTRE. – Eh ben, voilà. J'étais dans la cuisine, à ramasser des pommes de pin pour la soupe. On était en décembre. Alors il faisait une chaleur lourde, comme quand c'est qu'on chauffe beaucoup pour lutter contre le froid. Mon mari, ici présent, était absent, comme toujours, c'est pourquoi qu'il peut en témoigner devant vous. Et tout par un coup, voilà qu'il est entré!

LE JUGE. – Par où?

MADAME POUTRE. – Par la fenêtre. Il est entré comme ça, brusquement. Il a fait le tour de la pièce. Il s'est posé tantôt sur une casserole de cuivre, tantôt sur une carafe et puis il est reparti comme il était venu!

LE JUGE. – Sans rien dire?

MADAME POUTRE. – Sans rien dire.

[…]

LE JUGE, *sévèrement*. – Comment? Comment? je ne comprends plus: vous venez ici pour déposer une plainte…

MADAME POUTRE, *docile mais l'interrompant.* – Une plainte en sa faveur, oui Docteur !

LE JUGE, *avec vivacité.* – Ne m'interrompez pas ! Ne m'appelez pas : Docteur ni Monsieur le Proviseur, appelez-moi : « Mon Père » ! Donc vous déposez contre lui et vous allez prétendre que sa vue vous ragaillardit, vous réchauffe, ou je ne sais quoi d'aussi absurde !

MONSIEUR POUTRE. – Ce n'est pas absurde, Docteur, pardon : mon Père ! Ça n'est pas absurde, mon Père-Docteur ! On pourrait pas vivre sans lui. Surtout à la campagne. Nous autres cultivateurs ! Nous autres légumes, fruits, primeurs, laitages, comment qu'on ferait sans lui, sans qu'y vienne tous les jours nous réchauffer le cœur ?

LE JUGE, *agacé, frappant de sa main sur la table.* – Enfin, de qui parlons nous ?

MADAME POUTRE. – Mais de… de… (*Elle désigne le ciel.*)

LE JUGE, *ironique, imitant son geste.* – Que voulez-vous dire ?

MADAME POUTRE. – Ben quoi, le soleil, pardi !

LE JUGE. – Ah la la ! Voici le malentendu ! Nous ne parlions pas de la même personne, de la même chose. Moi, je vous parlais de votre agresseur, de votre voleur, de votre cambrioleur, et vous, vous… vous parliez de quoi ? Du soleil ! (*Levant les bras au ciel.*) C'est invraisemblable ! C'est inimaginable, i-ni-ma-gi-na-ble ! Mais comment avez-vous pu vous y prendre pour faire fausse route de la sorte ?

Jean Tardieu, *De quoi s'agit-il ou la méprise* [1966], dans *9 courtes pièces*, Gallimard, « Folioplus classiques », 2009.

Autour de l'œuvre

Interview imaginaire de Molière

▶▶ *Votre nom véritable est Jean-Baptiste Poquelin. Pour quelles raisons avez-vous choisi le pseudonyme de Molière ?*

**Molière
(1622-1673)**

Je suis désolé de décevoir votre curiosité, mais je ne répondrai pas à cette question : même les plus chers de mes amis ignorent les raisons de mon choix. Ce nom d'artiste s'est imposé très tôt à moi, en 1644, lors d'un séjour à Rouen où j'ai rencontré Corneille... Cette nouvelle identité a marqué un tournant dans ma vie ; c'est alors que j'ai inauguré ma carrière de comédien.

▶▶ *Lorsque vous évoquez ce « tournant », cela signifie que vous étiez peut-être destiné à un autre métier ?*

Personne n'était comédien dans ma famille ! Mon père était tapissier du roi, et différentes personnes de mon entourage exerçaient cette profession : mon avenir aurait été tout tracé si ce métier m'avait intéressé... Mais ce n'était pas le cas. J'ai étudié le droit et la philosophie, et j'ai été un moment tenté par le métier d'avocat, mais l'appel des planches a été le plus fort.

▶▶ *Comment avez-vous eu la révélation de votre vocation ?*

En fréquentant les théâtres ! Dans ma jeunesse, j'étais un fervent spectateur des farces que l'on donnait à Paris, au pont Neuf, à la foire Saint-Germain, au théâtre du Marais et à l'hôtel de Bourgogne. Je m'étais lié d'amitié avec les acteurs, notamment avec la famille Béjart, et, de fil en aiguille, j'ai fondé avec elle *L'Illustre Théâtre* en 1643.

▶▶ *Et dès lors, vous avez connu le succès ?*

Pensez-vous ! La route fut longue avant d'accéder à la notoriété ! Mon expérience avec les Béjart s'est soldée par un échec – j'ai même dû faire de la prison car j'étais responsable de la trésorerie de la troupe, et donc de sa faillite. Ensuite, nous sommes partis en province, et je garde un excellent souvenir de ces années itinérantes durant lesquelles j'ai approfondi mon travail d'acteur, et abordé l'écriture. La troupe me faisait confiance, et j'en ai finalement pris la direction. Ma vocation initiale de comédien s'est trouvée enrichie par cette expérience de la mise en scène, et c'est tout naturellement que j'en suis venu à l'écriture. Mais je n'ai rencontré le succès qu'à mon retour à Paris, en 1658. J'ai obtenu la protection de Monsieur, frère de Sa Majesté, et le soutien de Louis XIV lui-même, ce qui m'a permis de monter mes pièces dans la salle du Petit-Bourbon ou au théâtre du Palais Royal.

▶▶ *C'est donc à partir des années 1660 que votre talent a été unanimement reconnu ?*

Un succès est rarement unanime, d'autant que j'écornais dans mes comédies bon nombre de mes contemporains. Je me suis mis à dos les pédants, les bourgeois et les dévots : beaucoup se sont reconnus dans mes pièces, et les ont fustigées parce qu'elles portaient soi-disant atteinte à la morale et à la religion, bref, à l'ordre établi... En fait, c'était leur amour-propre qui était touché ! On a beaucoup critiqué mon art, mais aussi ma vie : les comédiens étaient supposés mener une existence dissolue. Enfin, j'ai toujours eu les rieurs de mon côté... Et le soutien de Louis XIV ne s'est jamais démenti, même s'il a dû parfois composer avec les classes influentes de la société :

sous la pression de l'Église, il a suspendu durant plusieurs années les représentations de *Tartuffe* par exemple ; mais c'était à son corps défendant.

▶▶ *Comment avez-vous réagi à toutes ces critiques ?*

Chacun de mes plus grands succès a donné lieu à de virulentes controverses. Prenez *Les Précieuses ridicules*, où je brocarde mondains et beaux esprits, *Tartuffe*, où je lève le voile sur les hypocrites qui tirent profit de la religion, *L'École des femmes* où je remets en cause le mariage arrangé ; vous verrez que chacune de ces pièces a donné lieu à des querelles très violentes. À mes yeux, c'est un gage de réussite : mes comédies dérangent parce que j'ai vu juste, et c'est aussi ce qui fait tant rire mon public !

▶▶ *Quels commentaires pouvez-vous faire sur la fin de votre vie ?*

Le Malade imaginaire a été la dernière pièce que j'ai écrite, mise en scène et interprétée ; et, ironie du sort, c'est en jouant cette pièce le 17 février 1673 que j'ai succombé à la maladie – bien réelle – qui m'avait tant affaibli. Comme vous pouvez l'imaginer, je ne comptais pas sur la médecine pour me tirer d'affaire... « Après la mort, le médecin ! » disait Sganarelle dans *Le Médecin volant*... La légende veut que je sois mort sur scène : ce n'est pas tout à fait vrai, j'ai été évacué lors d'une représentation et j'ai rendu l'âme peu après. Mais il n'en reste pas moins vrai que j'ai consacré toute mon existence au théâtre.

Contexte historique et culturel

Le siècle du Roi-Soleil

En 1643, à l'âge de cinq ans, Louis XIV devient roi de France. C'est sa mère Anne d'Autriche qui, aidée du ministre Mazarin, assure la régence. La France est alors déstabilisée par de nombreux conflits qui opposent les grands seigneurs au roi, et les catholiques aux protestants.

À la mort de Mazarin, en 1661, Louis XIV décide de gouverner seul. Pour rétablir l'ordre et asseoir son pouvoir, il impose la monarchie absolue : représentant de Dieu sur la terre, le monarque n'a de compte à rendre à aucune autorité humaine et concentre tous les pouvoirs. L'éclat de son règne connaît peu d'équivalents, mais on ne peut en ignorer le vaste versant d'ombre où se débattent les petites gens, c'est-à-dire l'immense majorité de la population appauvrie par de lourds impôts, luttant contre les famines et les épidémies.

Louis XIV et les artistes

Au XVIIᵉ siècle, plus des trois quarts de la population ne sont pas alphabétisés : seuls les hommes d'Église, les nobles et les bourgeois savent lire et écrire. Beaucoup d'auteurs sont issus de la bourgeoisie, notamment les trois grands dramaturges de ce siècle, Molière, Racine et Corneille, ainsi que les grands penseurs Pascal et Boileau.

L'élite intellectuelle prône l'idéal de l'honnête homme : cultivé sans être pédant, élégant sans être précieux, discret et réfléchi, il fait preuve, s'il est bourgeois, d'une noblesse de cœur, et s'il est noble, il ne tire aucun orgueil de sa naissance.

Alors que cet idéal de mesure semble a priori peu compatible avec le goût immodéré du roi pour la grandeur, Louis XIV s'en remet volontiers à ces « honnêtes gens » en matière de création, et se laisse judicieusement conseiller. Amateur de culture, soucieux aussi d'établir une emprise sur la création littéraire et désireux de s'inscrire comme généreux mécène aux yeux de la postérité, il instaure un système de pension pour les hommes de lettres. Cette rétribution, dont bénéficiera Molière, protégeait les artistes de la précarité ; mais elle les plaçait aussi sous la dépendance de leur protecteur. Après des années d'errance, la troupe de Molière, installée au théâtre du Palais Royal en 1661 et devenue officiellement « troupe du roi » en 1665, connaît enfin la gloire.

Farce, comédie, tragédie : l'effervescence théâtrale

Au XVIIᵉ siècle, la tragédie, dont Corneille et Racine sont les grands représentants, est considérée comme le genre noble par excellence : elle met en scène des dilemmes vécus par des princes où la raison le dispute à la passion, et dont l'issue est fatale. Molière est très attiré par ce genre, mais son talent le conduit vers une autre voie : celle de l'humour.

Issue de la tradition médiévale et influencée par la *commedia dell'arte*, la farce est réservée à un public populaire et jouée dans les foires sur des tréteaux de fortune. Il s'agit d'une pièce courte au rythme enlevé, destinée à faire rire le public, et dont l'intrigue repose essentiellement sur la tromperie. Les personnages sont aux prises avec des situations imprévues qui s'enchaînent et qu'ils affrontent avec une gestuelle bouffonne et un langage souvent fantaisiste. Molière s'est largement inspiré de ces procédés et a su puiser dans cet héritage la verve qui servira ultérieurement un propos plus ambitieux.

Ainsi, dans ses « grandes comédies », qui constituent l'aboutissement de son art et en font un genre à part entière, Molière dresse une satire féroce de la société de son temps et entend « châtier les mœurs par le rire »… Mission difficile s'il en est puisque, comme l'énonce Philinte dans *Le Misanthrope*, « […] c'est une folie à nulle autre seconde / de vouloir se mêler de corriger le monde ». La morale cède donc le pas au rire, pour notre plus grand plaisir ; peut-être est-ce là que réside la sagesse de Molière.

Repères chronologiques

1610	**Assassinat d'Henri IV. Louis XIII lui succède. Régence de Marie de Médicis.**
1622	Naissance de Jean-Baptiste Poquelin à Paris.
1624	**Richelieu est Premier ministre.**
1635	Richelieu fonde l'Académie française.
1637	Corneille, *Le Cid* (tragi-comédie).
1642	Mort de Richelieu.
1643	**Mort de Louis XIII, avènement de Louis XIV. Régence d'Anne d'Autriche. Mazarin est Premier ministre.**
1643	Molière fonde *L'Illustre Théâtre*.
1646	Molière, *Le Médecin volant* (comédie).
1648	**Début de la Fronde.**
1658	Molière joue pour la première fois devant le roi et la cour.
1661	**Mort de Mazarin. Louis XIV règne seul.**
1662	Lully est maître de la musique royale.
1663	Louis XIV inaugure un système de pensions pour les artistes. Le Nôtre dessine le parc de Versailles.
1665	Molière, *L'Amour médecin* (comédie). La troupe de Molière devient troupe du roi.
1666	Molière, *Le Médecin malgré lui* (comédie).
1667	Racine, *Andromaque* (tragédie).
1668	La Fontaine, premier recueil des *Fables* (poésie).
1673	Molière, *Le Malade imaginaire* (comédie). Mort de Molière.
1680	Fondation de la Comédie-Française.
1682	Le roi et sa cour se fixent à Versailles.
1685	**Révocation de l'édit de Nantes.**
1715	**Mort de Louis XIV.**

Les grands thèmes de l'œuvre

La remise en cause de l'autorité

Des aînés fort peu sages

Cette comédie de Molière fait la part belle à la jeunesse. C'est elle qui triomphe au terme de la farce : Lucile, Valère et Sabine emportent la sympathie et l'adhésion du spectateur, et se rient des vieux barbons lésés. Les perdants sont en effet deux vieillards, Gorgibus et Villebrequin, qui partagent les mêmes intérêts et les mêmes tares : Villebrequin tient à épouser Lucile dont les charmes le séduisent autant que la fortune ; Gorgibus favorise ce mariage qui lui semble avantageux, monnayant ainsi la jeunesse et la beauté de sa fille. Il se montre par ailleurs avare, autoritaire et crédule, ce qui le rapproche davantage des pères tyranniques et bouffons de la *commedia dell'arte* que des vénérables vieillards des tragédies antiques.

Dans cette comédie, l'âge n'est donc pas un gage de vertu morale, et encore moins de sagacité intellectuelle : le bon sens revient aux jeunes gens. « Que diable aussi ! pourquoi vouloir donner votre fille à un vieillard ? » s'exclame Gros-René dans la scène 3. Cette posture irrévérencieuse qu'adopte Molière vis-à-vis de l'autorité morale des anciens ressurgit dans de nombreuses autres de ses pièces où la critique se fait plus acerbe. Si Gorgibus se montre finalement bon perdant, ce n'est pas le cas d'Arnolphe dans *L'École des femmes* : après avoir tout mis en œuvre pour épouser sa pupille malgré l'inclination de cette dernière pour un jeune homme, il n'a pas, au terme de cette comédie, l'intelligence de rire de son échec.

L'autorité médicale mise à mal

Il n'est pas de véritable médecin dans cette pièce : Sganarelle n'est jamais qu'un imposteur affublé de l'habit noir, et il ne se trouve jamais confronté à d'authentiques collègues. Gorgibus – représentatif de la population du XVIIe siècle – juge le docteur sur la mine, et non sur les compétences. S'il n'est à aucun moment alerté par la singularité de la personne à laquelle il confie sa fille, c'est que Sganarelle, pédant, pompeux et péremptoire, interprète un médecin qui, à cette époque, semble criant de vérité. Le spectateur rit de la naïveté de Gorgibus, mais aussi du propos que tient implicitement Molière sur ces prétendus hommes de sciences qui assoient leur autorité et leur fortune sur la crédulité des malades, et exploitent sans scrupule leur angoisse. L'échec de la thérapie ne porte pas même ombrage à leur réputation : comme l'affirme l'avocat dans la scène 8, on ne doit pas « mépriser un médecin qui n'aurait pas rendu la santé à son malade, parce qu'elle ne dépend pas absolument de ses remèdes, ni de son savoir ».

Molière conteste ainsi la légitimité de ceux qui prétendent exercer l'art de la médecine : les allusions faites à cette science dissuadent d'y avoir jamais recours. Quiconque tient à la vie a mieux fait de s'en passer : tel est, sur le mode de l'humour noir, la pensée que laisse entendre Molière.

Un nouvel ordre social

Dans *Le Médecin volant*, la vieillesse est tournée en ridicule et les détenteurs de l'autorité et du pouvoir – bourgeois, gens de robes, médecins – ne brillent pas par leur esprit. Ce sont les valets qui se révèlent ici maîtres du jeu, et qui tirent les ficelles de la comédie : Sganarelle est autrement plus vif et ingénieux que Gorgibus qu'il dupe allègrement ; et il donne le change à l'avocat qui s'incline aveuglément face au charlatan. Moins habile que Sganarelle, Gros-René est néanmoins plus perspicace que son maître à qui il finit par révéler le pot aux roses. Triomphants, les jeunes (Sabine, Valère, Lucile) et les petites gens (Sganarelle) font la nique à l'autorité établie.

Ainsi, les puissants se révèlent des dupes, les savants des ignares ; le bon sens et l'astuce sont entre les mains des personnes jeunes et modestes. Toute autorité établie – qu'elle soit morale, sociale, ou intellectuelle – semble figée, souvent abusive, et se trouve joyeusement remise en cause par Molière. Si le dénouement consensuel de la comédie en atténue la portée critique, cette inversion des pouvoirs n'en demeure pas moins le savoureux levier de la farce. Et ce n'est pas un hasard si le rôle-titre de la pièce est dédié au valet.

Le théâtre dans le théâtre

Durant les trois premières scènes, le spectateur assiste à la mise en œuvre du quiproquo; il attend de voir surgir le valet affublé du respectable habit de médecin. Complice des jeunes gens, il se trouve d'emblée dans le secret et, dans la scène 4, il occupe la place confortable d'un observateur averti lorsque se trouvent confrontés le fourbe et sa dupe. Il sait que le valet se livre à un numéro d'acteur : rôle de composition par excellence, puisque le plus humble dans l'échelle sociale va se faire passer pour un puissant, de ceux qui détiennent le savoir, et entre les mains desquels chacun remet sa vie.

Spectateurs en salle et spectateurs sur scène

Le spectacle est observé de la salle, mais aussi de la scène. Chez Gorgibus, Sabine assiste au même titre que le spectateur à la prestation de Sganarelle dont elle avait au préalable imaginé la mise en scène. Mais elle doit renoncer à la direction d'acteur lorsque, surpris par l'arrivée inopinée de Gorgibus, le valet donne libre cours à son inventivité et endosse deux rôles. Là encore, le spectateur occupe une place privilégiée, comme s'il voyait à la fois la scène et les coulisses : il observe Sganarelle entrer par la porte et sortir par la fenêtre, à la barbe de Gorgibus. À cet instant, un voyeur se trouve aussi sur scène, en la personne de Gros-René qui épie ce qui se passe à la croisée, et qui surprend la sortie clandestine de Sganarelle. Le spectateur de la salle se trouve ainsi relayé par un observateur posté sur la scène, l'un et l'autre pareillement subjugués par la virtuosité du valet comédien.

Ruse de valet et performance d'acteur

Comme le comédien, Sganarelle a besoin d'un costume et adopte un discours qui plagie celui des érudits : « *Ficile tantina pota baril cambustibus* », énonce-t-il doctement dans un charabia prétendument latin pour donner le change à l'avocat. Cette appropriation de l'habit et de la langue lui permet d'improviser une prestation magistrale, et son art culmine lorsqu'au terme de la pièce il jongle avec les identités.

Cette farce où le valet triomphe est aussi un hommage aux acteurs et un hymne au jeu : Sganarelle ne figure-t-il pas le comédien par excellence, capable d'endosser au pied levé plusieurs rôles, d'alterner les costumes, de mêler plusieurs voix ? À cet égard, le valet de Molière évoque toute la tradition des *zannis* (valets) de la *commedia dell'arte* : Arlequin, Polichinelle ou Brighella notamment, auxquels il emprunte la ruse et le don du travestissement. Souple, agile et rusé comme ses prédécesseurs, il est expert tant en acrobaties qu'en mimes. Il ne se contente pas de servir la comédie ; c'est lui qui, littéralement, mène le jeu.

L'adhésion du public

Gorgibus est le meilleur public qui soit, puisque sans l'aide de Gros-René, il n'aurait pas eu vent de l'imposture ; quant au spectateur véritable, séduit par la maestria du valet, il est rallié par le rire à sa cause. À une époque où valets et comédiens occupaient une place modeste et précaire dans la hiérarchie sociale, Molière place entre les mains de Sganarelle, archétype de l'acteur, le succès de sa farce. L'adhésion du public par le rire donne au baladin ses lettres de noblesse, et signe la victoire du jeu.

Fenêtres sur...

 Des ouvrages à lire

Malades et médecins chez Molière

• Molière, *L'Amour médecin* [1665], GF-Flammarion, «Étonnants Classique», 2009.

En protestation contre l'autorité paternelle qui lui interdit d'épouser celui qu'elle aime, Lucinde feint la maladie. Aucun médecin convoqué ne trouve de remède à cette mélancolie, jusqu'à ce qu'intervienne un fabuleux guérisseur en la personne de l'amoureux lui-même qui, dans des habits de médecin, bernera le père et épousera la fille.

• Molière, *Le Médecin malgré lui* [1666], Belin-Gallimard, «Classico», 2009.

Pour se venger des coups de son mari, Martine le fait passer pour le plus habile des médecins. On le mène aussitôt au chevet de Lucinde, fille de Géronte, affligée d'un mystérieux mal qui l'a rendue muette. Médecin malgré lui, Sganarelle va tout mettre en œuvre pour faire retrouver la parole à Lucinde et éviter les coups de bâton.

• Molière, *Le Malade imaginaire* [1673], Belin-Gallimard, «Classico», 2010.

Le sort d'Argan, hypocondriaque, se trouve entre les mains de Bélise, sa seconde femme qui attend l'héritage, et d'une cour de médecins qui exploitent sa hantise de la mort. Il faudra toute la ruse de Toinette, la servante, pour révéler la cupidité de l'épouse, et dissuader le vieillard de marier sa fille à un médecin qu'elle n'aime pas.

Molière et la vie des comédiens au XVIIᵉ siècle

• Sylvie Dodeller, *Molière*, L'École des loisirs, «Belles vies», 2005.

Une biographie romancée qui relate la trajectoire de Jean-Baptiste Poquelin, petit garçon aux boucles brunes issu de la bourgeoisie parisienne, que l'obstination, la passion et le génie attacheront toujours à la scène, faisant de lui Molière, le plus grand comédien et l'un des plus célèbres dramaturges de son temps.

• **Pierre Lepère, *La Jeunesse de Molière*, Gallimard, «Folio junior», 2009.**
Cette biographie romancée dans un style alerte retrace la jeunesse de Molière dans l'atmosphère de la France du XVIIe siècle, et révèle, au travers de ces années de formation, la personnalité de cet homme qui consacra toute sa vie à la scène.

• **Marie-Christine Helgerson, *Louison et Monsieur Molière*, Flammarion, «Castor poche», 2001.**
À dix ans, Louison n'a qu'un rêve: devenir comédienne. Il lui faudra beaucoup de ténacité et de courage pour réaliser, après bien des épreuves, son plus grand désir, et entrer dans la troupe de Molière. Car il n'est pas donné à tout le monde de jouer devant le roi! Dans ce roman inspiré d'une existence réelle, le lecteur découvre la société du XVIIe siècle et le milieu artistique de l'époque.

Le siècle du Roi-Soleil

• **Jean-Christian Petitfils, *Louis XIV expliqué aux enfants*, Éditions du Seuil, 2007.**
Sous la forme d'un dialogue, un portrait clair et très vivant du Roi-Soleil, qui répond à de nombreuses questions, déjoue les idées préconçues et dénonce les fausses légendes qui participent du mythe de ce grand roi.

• **Christian Biet, *Les Miroirs du soleil. Le roi Louis XIV et ses artistes*, Gallimard, «Découvertes», 2000.**
Un ouvrage plus complexe qui évoque l'effervescence des trente années durant lesquelles Louis XIV a été le protecteur des artistes, favorisant ainsi le rayonnement de son règne et de sa gloire.

Des films à voir

(Les œuvres citées ci-dessous sont disponibles en DVD.)

Sur la vie de Molière

• *Molière*, Ariane Mnouchkine, avec Philippe Caubert dans le rôle-titre, couleur, 1978.
Un film grandiose qui retrace, à la manière d'une épopée, la vie de Molière, des années de misère au sommet de sa gloire. Outre une fresque inoubliable de la vie des comédiens sous le règne du Roi-Soleil, Ariane Mnouchkine nous offre un saisissant portrait de cet homme de théâtre passionné et génial.

Le théâtre filmé

• *Le Bourgeois gentilhomme*, mise en scène de Benjamin Lazar, Théâtre du Trianon, Paris, 2004.
Une mise en scène très intéressante d'une célèbre pièce de Molière, où l'ambition délirante fait accéder le bourgeois Monsieur Jourdain, non pas à la noblesse à laquelle il aspire, mais au comble du ridicule. Benjamin Lazar et Vincent Dumestre ont respecté les conditions de représentation de l'époque: l'éclairage aux bougies, les intermèdes musicaux et dansés; et ils se sont inspirés du jeu des acteurs du Grand Siècle.

 # Des œuvres d'art à découvrir

• David Teniers, *La Visite chez le médecin du village*, huile sur bois, 1660.
Sibiu-Hermannstadt, Roumanie, Brukenthal National Museum.

• Jean-Antoine Watteau, *L'Amour au théâtre italien*, huile sur toile, 1718.
Berlin, Allemagne, Gemäldegalerie.

Imprimé en Espagne par Novoprint (Barcelone)
N° d'édition: 005432-02 – Dépôt légal: décembre 2011